U0626402

赵余宏　赵帆　编著

围棋入段教程
weiqi ruduan jiaocheng

定式
巧用的
秘密

DINGSHI QIAOYONG DE
MIMI

清晰、高效的**进阶之路**

成都时代出版社
CHENGDU TIMES PRESS

图书在版编目（CIP）数据

围棋入段教程．定式巧用的秘密 ／ 赵余宏，赵帆编
著．-- 成都：成都时代出版社，2024.12

ISBN 978-7-5464-3375-2

Ⅰ．①围… Ⅱ．①赵… ②赵… Ⅲ．①围棋－教材
Ⅳ．① G891.3

中国国家版本馆 CIP 数据核字 (2024) 第 020970 号

围棋入段教程：定式巧用的秘密
WEIQI RUDUAN JIAOCHENG:DINGSHI QIAOYONG DE MIMI

赵余宏　赵　帆 编著

出 品 人　达　海
责任编辑　李　林
责任校对　樊思岐
责任印制　黄　鑫　曾译乐
装帧设计　成都九天众和

出版发行　成都时代出版社
电　　话　（028）86742352（编辑部）
　　　　　（028）86615250（营销发行）
印　　刷　成都蜀通印务有限责任公司
规　　格　185mm×260mm
印　　张　20.75
字　　数　332 千
版　　次　2024 年 12 月第 1 版
印　　次　2024 年 12 月第 1 次印刷
书　　号　ISBN 978-7-5464-3375-2
定　　价　60.00 元

前　言

　　所谓定式，就是从挂角开始，在局部双方以最合理的手段应对后，互不吃亏告一段落的棋形。不过，一局棋中只要出现定式，就不可能只是局部问题而不牵连全局。于是当局部构思不利于全局时，就应进行变化。这就是本书所要讲的，在对局中如何巧用定式。

　　我们知道，定式有成千上万个，要想全部记住是不可能的。与其记很多定式，不如少学几个定式而将其彻底消化。特别是业余棋手，在实战中能充分发挥某一定式的效果，他的序盘能力比胡乱地背了一大堆定式的人要强得多。由此可见，熟记定式并非一劳永逸，只有真正理解并掌握定式的巧用，才能算"定式通"。

　　定式是处理局部战斗最合理的手段，所以判断全局必须使用其他手段。如果把局部手段强加于全局，肯定会带来恶果。这样，一旦被对方以全局观正确应对，便会处于被动，处于不利的境地。因此，应该特别强调，局部利益必须服从全局的利益。

　　定式无用，或定式有用，就在于如何看待和巧用定式，如何去寻求变化。如果打破定式这个框框，将定式作为一种有利于全局的手段，定式肯定是一种有益的系统。所谓"既要懂定式，又不要受其约束"的观点，充分表达了本书的真意。

　　有关定式的书比较多，但有关如何巧用定式的书却寥寥无几。可是，在实践中这部分又是必不可少的。所以，想把这本定式巧用的书奉献给广大业余围棋爱好者。但愿这本书能增添您对围棋的兴趣，对提高您的棋力有所裨益，我将为此感到欣慰。

　　本书在编写过程中，得到围棋界诸位专家的大力支持与帮助，在此致谢。

见此图标 微信扫码
走进围棋入段"云"课堂

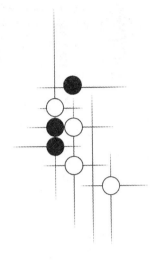

目 录

围棋入段"云"课堂

学习对弈技巧
探索入段奥秘

WEIQIRUDUAN

扫码获取

围棋精讲

在线视频课程，助力围棋入段。

要点「棋」聚

夯实围棋知识，击破学习难点。

天纵「棋」才

知名棋手故事，品读围棋人生。

棋友交流

在线读者交流，分享学棋心得。

第一章

定式的思考方法

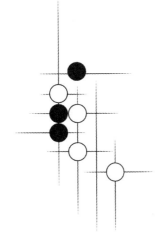

　　从类型上来说，有的定式无论如何也记不住；有的是在走完定式后，对方的地盘看起来太大；还有的是使用定式总担心不成功等。在专业棋手中也有这种现象：对定式的结果有的棋手认为黑棋好，而有的棋手则认为白棋好。

　　因此，一个定式是否好用，还应看棋手能否根据自己的棋风把某一定式运用自如。换句话说，利用定式下棋并不是记住了定式的结果，而是掌握了怎样选择定式并加以巧用的方法。

　　本节仅介绍了几个定式，主要是从选择定式的角度作出的分类。但是，实际上定式是有很多的，所以，在这里所举的例子只是很少一部分。对这些例子，将在后面的章节里，从有关全局的配置来分析，这也许是读者所期待的。

一、拆边的定式

　　以拆边而完成的定式并不少见。在很大一部分定式中拆边有很重要的意义，因为定式就是从角开始向边上发展的。

　　不过，从一个角开始，可以朝两条边发展，哪一条边更重要，对此的判断正是选择定式的关键。

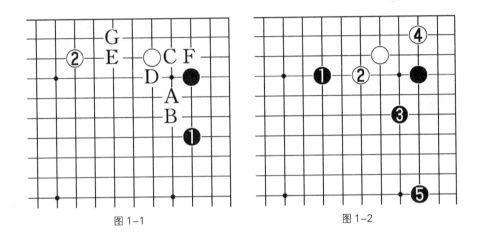

图1-1　　　　　　　　　　　　　　图1-2

　　（图1-1）这个棋形虽然近来不常见到，但这却是典型的基本定式。

　　黑1拆二是稳健的下法，此后也有在A位小尖或在B位飞的，它们比较注重下边。

　　白2是在左边黑外势不太强的情况下尽量地开拆。以下假如黑C位尖顶，白D位长出，白2的位置恰到好处。对黑E位的打入，白有先B位点后再F位托的下法，也有G位托渡的下法，所以不必害怕。白2拆对左边总是有影响的。

　　（图1-2）由黑1二间高夹变化至黑5，这是实战中最常见的定式，角上实利虽被白方占到，不过黑5的拆可以对右下角产生一定的影响。

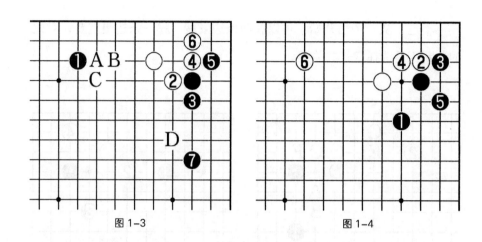

图1-3   图1-4

（图1-3）本形看上去是很简单的定式，其实却包含许多复杂的因素。例如，黑1在A、B、C位时白方是否会走成同样的结果？白2、4的次序颠倒一下是否成立？

关于这些问题，如果不从全局的角度进行分析判断，仅仅从局部去考虑，很难做出正确的判断。

黑7如在D位飞，对角上的白棋更有攻击力，走黑7拆二则自身容易安定。

（图1-4）对白棋单关角，黑1飞也是大家喜爱的下法。

以下至黑5颇为坚实，白6获得开拆也可以满意。

（图1-5）这是在不论专业棋手还是业余棋手对局中出现较多的一种定式。

黑5在A位刺、白B粘、黑C尖的下法也是定式。黑A与白B的交换，令黑失去边上D位的打入，但对右边起到加强作用。

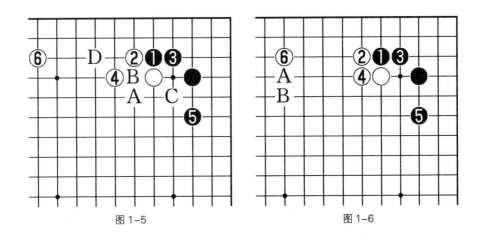

图1-5　　　　　　　　　　　　　　图1-6

（图1-6）白4粘是坚实的定式。这是为了增强在左边的势力，特别是在左上有白方的势力或为了形成模样时，白常常会采用这种下法。

白6有时下在A位高一路拆，是为了预防黑方在B位镇头。

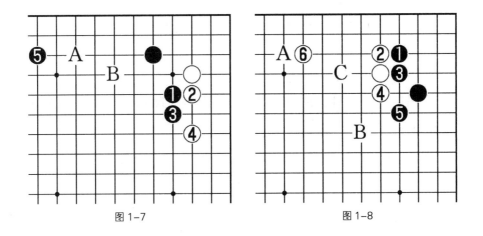

图1-7　　　　　　　　　　　　　　图1-8

（图1-7）目外比小目更具有边上发展的潜力。对白小目挂角，黑1、3先手飞压后，再最大限度地拆五，目的是扩展边上的势力。

黑1单在A位拆三也可以，这样可保留右边的各种变化。根据场合黑1也可单在5位拆，白1位小尖，则黑必须在B位应。

（图1-8）这是角和边的对称之形。这个形白6拆的距离值得注意。

从一子拆二、立二拆三的原则来说，白4立三是想在A位拆四的。假如白下在A位，黑B位飞将是绝好点，因黑C位的打入很严厉，正是有这种顾虑，白棋只能慎重地在6位拆三，这也是正确的下法。

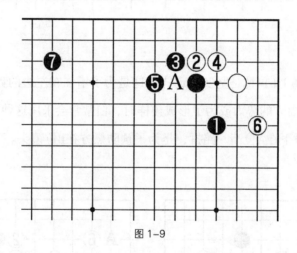

图1-9

（图1-9）高目对边的影响也较大，与目外大致相同。这同小目对角上的影响较大形成对照。

对白小目挂角，黑1小飞最为常见，白2、4、6获得角上实空，黑7大拆边，双方均可接受。黑5在A位粘是厚实的下法。

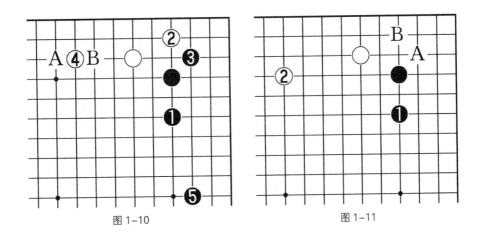

图 1-10　　　　　　　　　　　　　　图 1-11

（图1-10）这是星定式中的基本形。至黑5拆，双方大致如此。

本形需要注意的是白4拆二，如果在A位拆三，被黑棋立即B位打入，白2与黑3的交换就成为恶手，这点要特别注意。另外，黑5的拆，对于双方来说都是很大的。

（图1-11）白选择2位的定式，其意义并不在比前图远拆一路，目的是保留A位的点三三。因此，对于黑来说，以后在B位跳确保角地是很大的一手。

（图1-12）黑1小飞应，与单头跳不同的是，至白4后，定式已经完成了。

但是，这并不是说右边已无棋可下了，白A位逼时，黑B位挡仍是必要的，也是一步很大的棋。

（图1-13）白采用单关高挂是特殊情况下的一种走法，以下至白6也是一种定式。作为白棋来说，实空稍有损失，白6拆后，白必须在左上角有模样相配合，否则这种下法难以奏效。

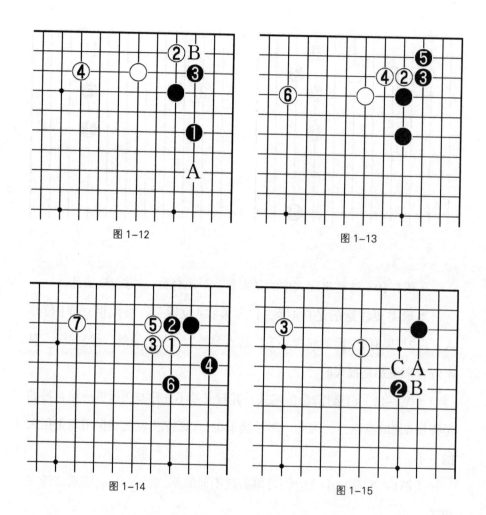

图 1-12 图 1-13

图 1-14 图 1-15

（图1-14）三三的定式种类极少，且近来在实战中很少有人使用，其主要原因恐怕是行棋的速度太慢吧。

白1肩冲，以下至白7拆三，是早期实战中常见的三三定式。

（图1-15）白1挂是另外一种下法，黑的应手除了本图所示的黑2之外，还有A、B、C等，都具有各自不同的意图。

二、选择方向的定式

选择定式也是有方向性的，尤其是星位和三三，首先挂角就决定了方向，而与角上不对称的小目、高目、目外就存在选择方向。

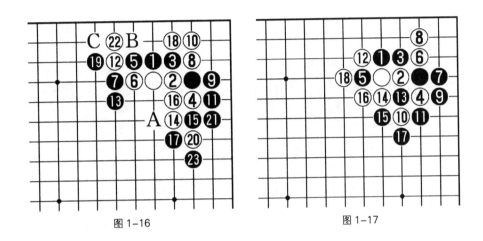

图1-16   图1-17

（图1-16）这是所谓的大雪崩外拐棋形，也是被称为三大定式的其中之一。

这个定式的形成，经过许多棋手无数年的精心研究，其过程这里不再赘述。但是如果不把最后关于黑23吃的下法说明一下，就会使读者搞不清楚。

黑23在以前都是黑先在A位同白B位交换之后，再于23位打吃的。现在黑不在A位先手便宜，其目的是当上边重要的时候，黑方可选择C位挡，这也说明定式在不断地发展。

（图1-17）这是很有名的小雪崩定式，由于同征子有关而不能随便乱下。

这一棋形的确是漂亮的两分定式，双方各得一边，特别是黑在11位打，白在12位断，以下应接都是必然的，简直是在向人们展示围棋的精妙艺术。

那么征子的关系是——

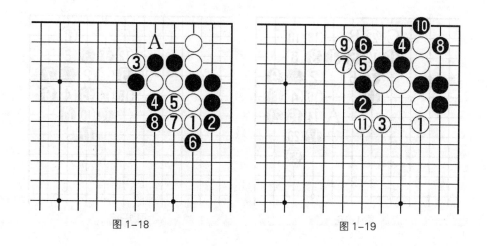

图1-18   图1-19

（图1-18）在前图的定式中，白10可以在本图1位长，但条件必须是白征子有利，否则黑2位爬，白3位断，被黑4至黑8征吃，白不行。

黑4不能单在6位扳，白有在A位吃的好手，黑无法收拾。

（图1-19）因此在白1长时，黑只能在2位先手长后再4位挡，以下至白11双方大致如此，这样就形成一种战斗的定式。

（图1-20）这是白棋小目高挂、黑一间低夹所产生的基本定式。

白12打吃是本手，以下至黑15接，双方各占一边，是两分定式。

（图1-21）前图白12改在本图1位拐也是定式一变，但前提必须是征子有利。否则黑2接住后，A位和6位两点成见合，白3、5紧气，黑6位可征吃白两子。

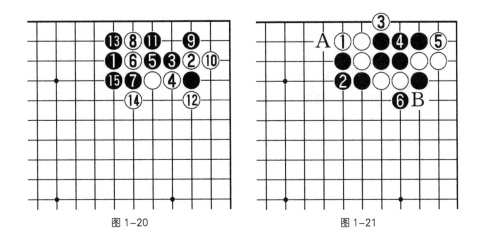

图1-20   图1-21

因此，白1不在B位打吃，而改在1位拐时，一定要预防黑6征吃的手段。

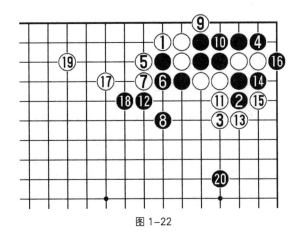

图1-22

（图1-22）白棋只有在征子有利时才可在1位拐，黑2只能长，以下至黑20反夹，形成实战中常见的大型变化定式，这也是进入中盘战斗的开始。

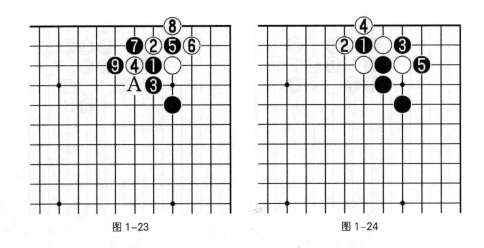

图1-23　　　　　　　　　　　图1-24

（图1-23）这也是一个有名的定式，简称为外靠内断的定式。

这一定式只限于当黑9的征吃成立时才被使用。即使现在征子有利，但是白有强烈的引征时还是不行的。另外，白即使现在引征不行，以后也一定会有条件的。因此，作为黑方，还是应该找机会尽早在A位提一手，以免留下后患。

（图1-24）假如黑征子不利时，黑1只能外断，白2是按"断哪边吃哪边"的棋谚打吃的。以下至黑5取角地，这是从高目转化成实地的定式。

（图1-25）这是实战中经常见到的星定式，手数虽多，但从这个定式中初学者可以学到很多手筋。

如果黑棋在A位或B位没有配子，那就不能称之为定式。如果没子，黑21长后，白下在B位，这样一来，黑完全无法与白方实利相抗衡。

如不能选择正确的方向就不能成为定式，这就是定式的特点。这类定式之所以能够存在，与它的方向性有关。

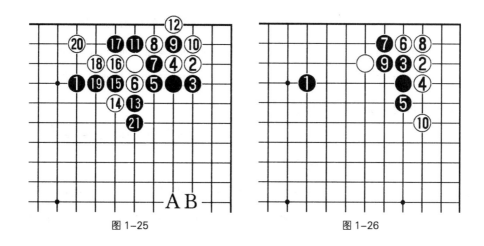

图1-25   图1-26

（图1-26）前图的黑A如不存在，黑只有在本图3位挡，以下至白10
也是一种定式。

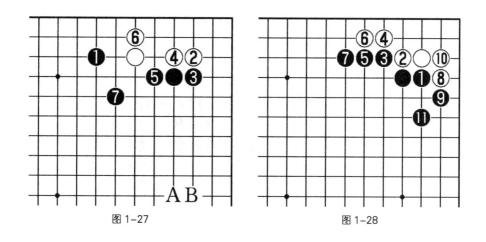

图1-27   图1-28

（图1-27）黑1夹至黑7虽也是定式，但黑也要在A位或B位有子的情
况下才能成立。如果没子，黑3也只能同前图一样在4位挡住。

（图1-28）这是白对黑星位单点三三的定式。白之所以点三三，右边与上边一般都有黑子，因直接小飞挂入容易成为被攻击的对象。

因此，黑在上边或右边只能挡住一面形成模样，而不能两全。所以，就要决定让哪边漏风合适。把不漏风一边构成模样是理所当然的。走成黑11虎，是基本的点角定式。

另外，黑5也有在6位连扳的手法，其先决条件也是在右边有黑棋。

三、变化复杂的大型定式

大型定式并不一定就难懂，而在小型定式里也并不一定就容易分析。不过概括而言，大型定式里危险的成分多一些，届时很难一下子划分哪里是定式，哪里已是中盘作战。如果没有援军，不考虑邻角的配合，将是导致失败的因素。

特别是在双方纠缠到一起而没有眼位向中央出头的过程中，由于其配置的子力有强弱，常常使其中一方遭受毁灭性的打击，若不引起高度重视，仅此一点就可以使其推枰认输。由此可见，在选择大型定式前，务必把各种变化算清楚，以免造成重大损失。

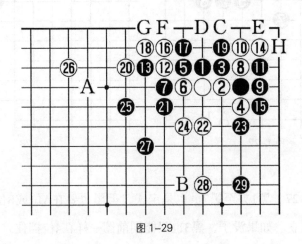

图1-29

（图1-29）这是大雪崩内拐的常见定式，黑在角上得到一定的实利，白的损失要靠外围的作战来弥补。这样必将形成战斗的局面。

本图揭示了行棋的过程，这也是大雪崩定式中的一变。

白26在A位小飞也是有的，28位同B位的选择很难判断。从作战的角度来看，由于白方先向中央出了头，相对作战就稍为有利。

注意角上白有C位扳，黑D、白E、黑F、白G、黑H的连环劫的手段。白如果需要收官的话，就走D位点，黑角空并不大。

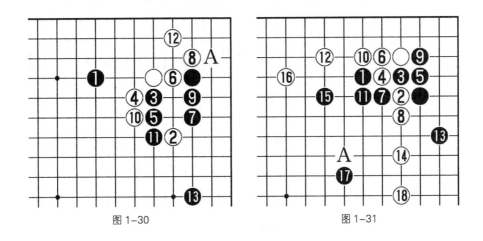

图1-30　　　　　　　　　　　图1-31

（图1-30）黑棋采用1位二间高夹也是变化复杂的一种大型定式。

白2大飞是一般应法，黑3靠，以下至黑13是基本定式。白2有5位和11位跳出的下法，也有9位靠的下法。白12在A位立也是常见的。

（图1-31）这是大斜定式的基本变化。黑17在A位大飞也是有的，但最重要的是如何对白18进行攻击。

黑下大斜定式，当然也埋下了伏兵。这虽说是基本型，但在专业棋手的对局中却不常出现，可能是这里的变化确实很复杂的缘故吧。

前两型与本型的大斜，都是比较出名的大型定式的典范，这也就是人们常说的三大基本定式。

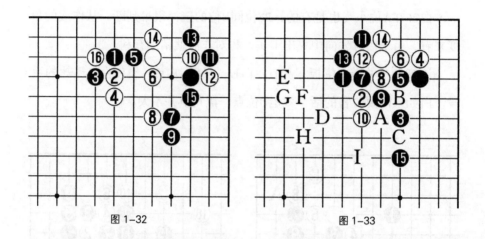

图 1-32　　　　　　　　　　　图 1-33

（图1-32）一间低夹，简明的两分定式很多，本型只是其中一变。

此型有多种定式可供选择，白14也有在15位打吃的。

（图1-33）本型以一间高夹的例子来对此进行简明的分析。可以说是发展成激烈战斗的可能性极大的定式。

过程中的白12也有在A位打吃的，黑B、白C的骗着，这里就不做说明了。

现在的问题是黑15以后，普通下法是白D跳同黑E拆交换。不过白左上方如果有较强的子力，白可选择E位反夹，黑F、白G、黑H、白I，不给黑棋喘息的机会，即刻进入中盘作战。其优劣得根据全局的战斗而定。

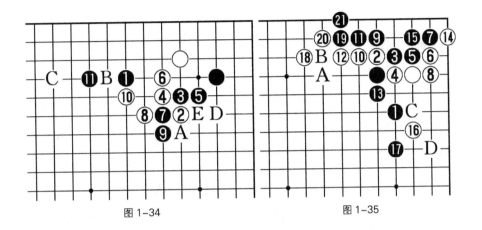

图 1-34   图 1-35

（图1-34）这是二间高夹的定式。白10之后，黑11如在A位拐吃，白B板，这将不是作战的定式。黑认为白B吃黑一子，棋形过于充分，所以黑便11位跳出形成作战。

此后白可在C位方向进行攻逼，也有的在D位跳，这是常识性手筋，诱使黑从E位冲出，白A位长，将白2逃出。

（图1-35）这是白2托，黑3扳下的高目定式。白18在A位尖的下法也是有的。黑21之前先在A位同白B交换一手也可。

上边白棋在C位爬回是旧型，这要看黑方的征子情况。新型是在D位小尖。

以后的问题是白方上边一团子的命运如何。

第二节　掌握定式的利弊

定式是一种局部的定形。从互相争夺角上的要点开始到局部告一段落为止，黑白双方都尽了最大的努力，到一个局部结束的时候，最常见的结果是两分的形势。但是，定式必须服从于全局，如果把局部手段强加于全局，肯定会带来恶果。这样，一旦被对方从全局层面正确应对，便会处于被动，处于不利的局面。这就好比盖房子要考虑整体，否则柱子就立不起来。如果其中有一根柱子不协调，就会造成房子倒塌。盲目相信定式，只会招致失败，影响胜率。

下面主要谈一下因拘泥于定式而产生的几种弊端：

（1）生搬硬套定式的缺陷；

（2）过分怯战的后遗症；

（3）过分依靠定式。

一、生搬硬套定式的缺陷

定式是处理局部战斗最合理的手段，所以判断全局必须使用其他手段。虽说可以使用一些定式，但如不符合全局的需要，肯定会带来后患。

（图1-36）这是一盘让四子棋，实战是不会出现的，只是作为定式选择不当的典型例子来分析。

对白1挂角，黑2至黑8的下法确定是定式的形。但若把这个定式分别走在四个角的位置，其结果如何呢？从局部来看没有恶手，角上也获得一定实利，但在总体上却失掉了让四子的优势，已使局面变成细棋。

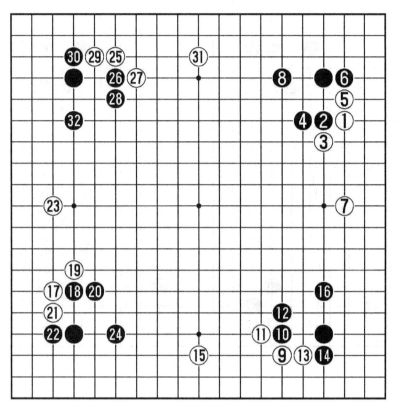

图 1-36

到底什么地方黑棋下得不好呢？这就是在开始选择定式时，错误地选择了右下角的定式。只知道生搬硬套定式，结果让白在右边巩固了根据地。

（图1-37）如果选择防守定式，黑也应选择1位小飞，这是针对白◎子的拆，局部可获安定，白4后，黑也不必担心，因A、B两点必得其一，黑可获得先手占据上边或左边大场。

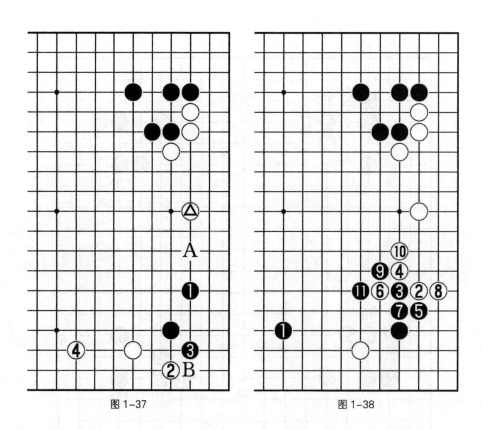

图1-37　　　　　　　　　　　　　　　　图1-38

（图1-38）黑如果采用积极的下法，可在1位攻击，这是积极开拓的构思。

白2双飞燕，黑3采用"压强不压弱"的基本原理，白4扳，黑5虎挡恰到好处，以下至黑11打吃，白在右边形成重复形，黑充分可战。

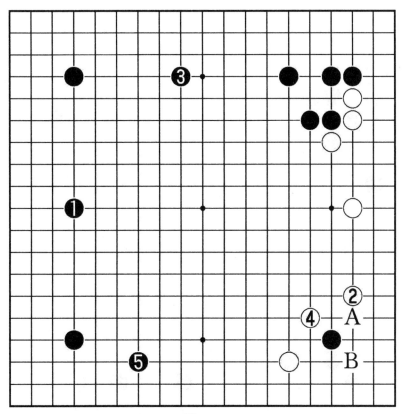

图 1-39

（图1-39）黑棋即使脱先也十分有力，只有这个想法是无需定式的构思，完全没有必要随对方节奏按定式行棋。

综观全局，黑1布三连星很大，白2、4若继续攻击，黑3、5仍可脱先占据大场。至此，黑明显处于有利地位。

右下角白并没有完全吃掉黑一子，黑仍有A位或B位做活的手段。

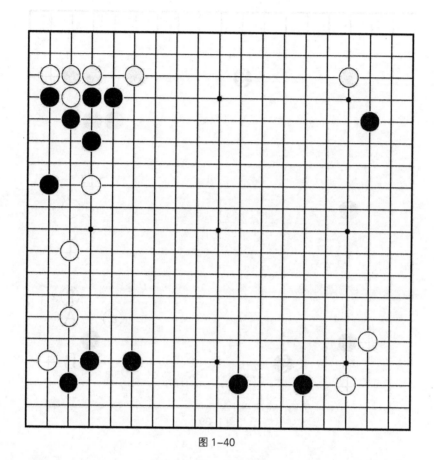

图 1-40

（图1-40）这是一盘实战对局，黑在右上角如何选择定式呢？

虽是右上角的定式，但如果不考虑周围的情况，黑不会占到有利地位。

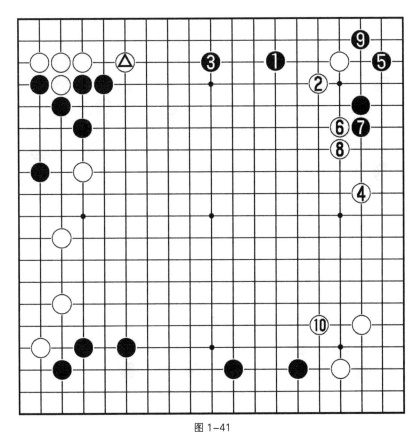

图 1-41

（图1-41）黑1反夹后再拆二方向错误，由于白有△子的关系，这里几乎是毫无意义的场所。到白10后，黑棋仅获得有限的小角，而白在下边形成理想的外势。

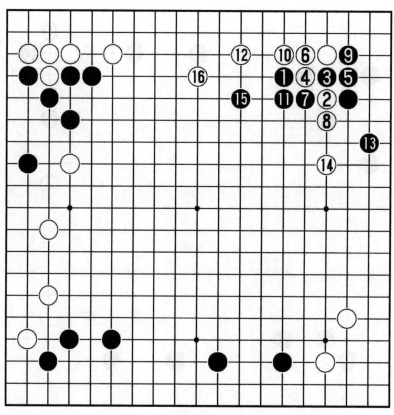

图 1-42

（图1-42）在职业棋手的对局中大斜定式比较少见。一方面是有些担心上当受骗，另一方面是对手不用适合于大斜定式的布局。

黑1采用大斜定式，以下至白16止，黑仍不是最佳选择。

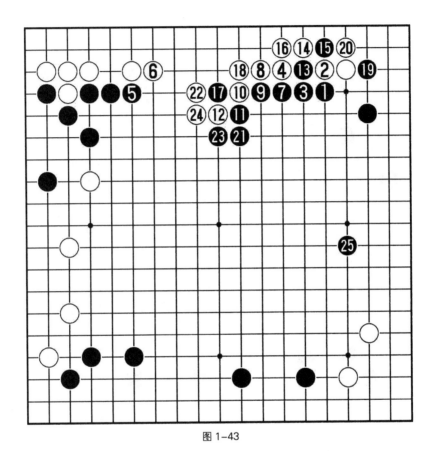

图 1-43

（图1-43）黑1飞压只此一手。在见到左上白棋处于低位的姿态之时，就应首先联想到这个图形以下的次序大致如此，已属基本定式。至黑25拆回大场后，由于白棋在上边过于重复，毫无疑问是黑棋好。

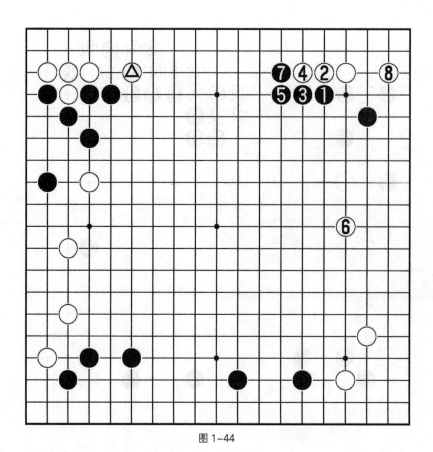

图 1-44

（图1-44）作为白棋来说，只能选择本图的下法。

白4多爬一手之后，脱先抢占白6的要点是灵活的下法。黑7即使是先手封，但由于白△子的作用，黑也不易发挥厚势的作用。因此，黑7也可考虑在8位飞，让白跳出。总之，本图的结果白明显要好于前图。

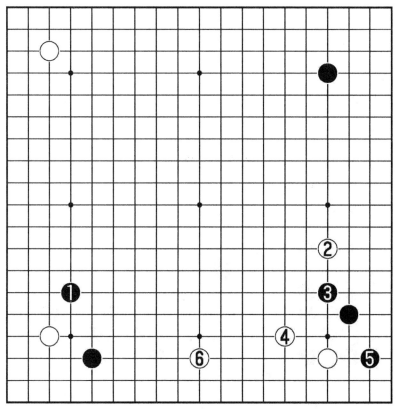

图 1-45

（图1-45）黑1选用大斜定式是有目的的，企图让白棋照定式下棋，黑乘机获利。

因此，白脱先转而在右下角2位夹攻是一种简明之策。以下至白6，双方大致如此。黑即使在左下角补一手，也无法把白一子吃掉。所以，在面临选择大定式之前，有时脱先不应是最有效的办法。

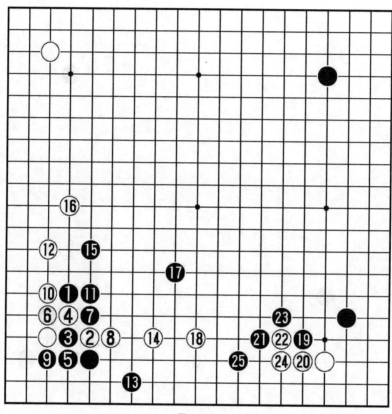

图 1-46

（图1-46）假如白棋生搬硬套地按定式去下，以下进行至白18止，单从
左下角的定式本身而言无可指责。但由于右下角的关系，黑19飞压后，白已
感到大事不妙，至黑25尖，白棋左右两边很难两全，已成必败之势。

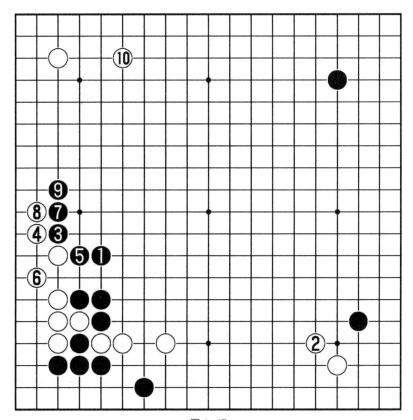

图 1-47

（图1-47）因此，在黑1跳出时，白在左边应脱先，于2位尖出，以下至白10拆二，白棋不至于苦战。

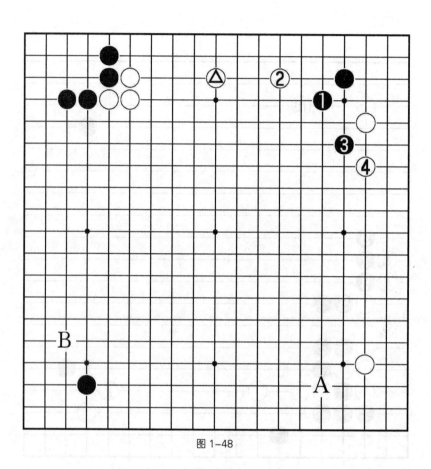

图1-48

（图1-48）在布局阶段，选择适当手段，要比记忆定式更难。这不仅要使自己发挥子效，而且还要尽力不让对方的子起作用。这样的一手才是有价值的。

黑1尖，白2拆，黑再3位飞。从局部来看，黑1、3堪称漂亮的手法，但此时的子效却有问题。其理由主要是黑1、3走后，促使白棋从白△占到2位拆的好点。另外被白4跳出后，黑的厚味并不起太大作用。

所以，黑与其在上边走棋，还不如在A位挂或B位守角更好。

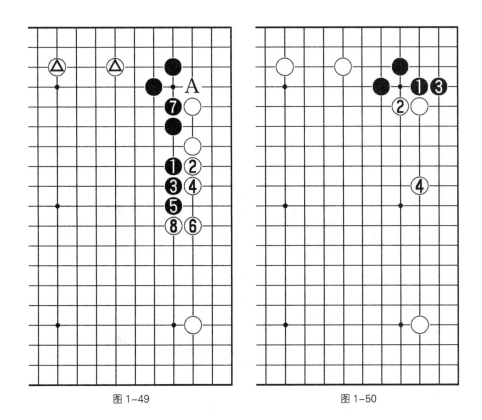

图 1-49   图 1-50

（图1-49）假如黑继续走1位罩，以下进行至白8。由于白△两子大放光彩，黑厚势无法发挥作用，其结果黑更差。因此，黑还是A位尖顶稳妥。

（图1-50）如果把（图1-48）的黑3走在本图黑1、3尖立，这样获得安定是正确的。黑棋不应发展外势，那样只能徒劳。黑只能这样走，别无良策。

二、过分怯战的后遗症

当对方选用了不恰当的定式时，用简单的办法应对就可以了，但是，如果对方是无理作战就一定要坚决反击。判断对方走棋是否过分是

很简单的事情。这就是在自己子多的地方，对方走出强手时，其过分之
态尽显无疑。相反，如果对对方的无理手，持甘愿受损的应战态度，导
致己方形势被动也是必然的。

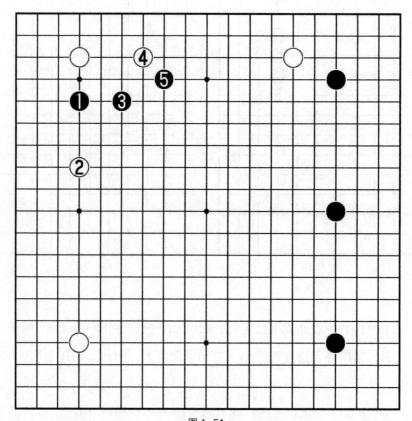

图 1-51

（图1-51）本图是实战中经常出现的局面。从黑1至白4有种种手
段。但对黑5的飞压，白采用什么对策好呢？

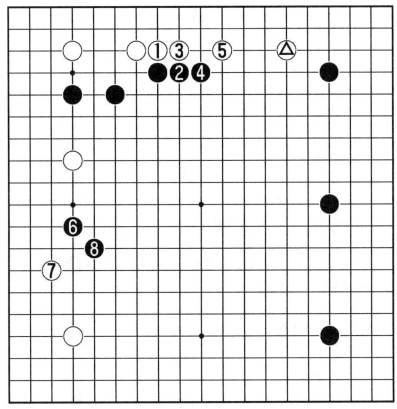

图 1-52

（图1-52）白1、3、5应对，这是典型的怯战手法。

单从左侧来看，确实是基本定式。但对黑无理手的应对则过于软弱，这是因为对定式的理解不够。黑先手占到6位反夹是绝好点，至黑8，白大恶。原因是上边白5和白△一子太重复，而且子力总体的位置过低。

（图1-53）若是本图局面，在A位没有白子的情况下，可以说白1、3、5是漂亮的定式。以后白若在右上挂角，肯定是在B位方向挂。

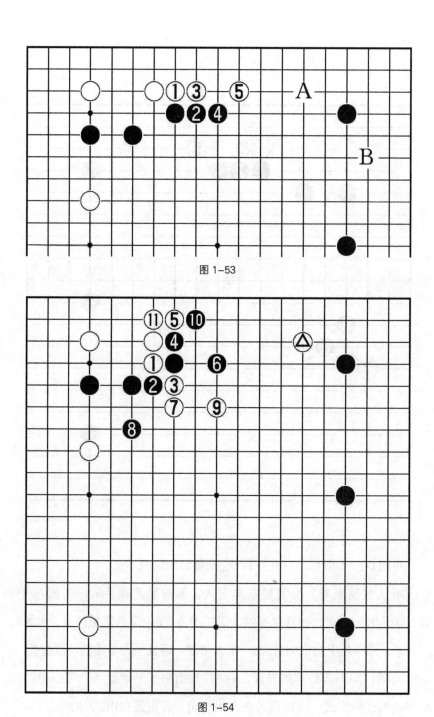

图 1-53

图 1-54

（图1-54）在左上角，双方子数是三对二，右上白◎一子对作战也很有作用。因此，白应信心十足地在1、3位冲断进行作战。

以下进行至白11粘，双方大致如此，作战中白棋显然有利。

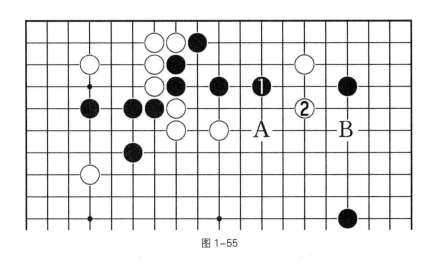

图 1-55

（图1-55）此后，假如黑在1位跳出，白2跳后，A、B两点成见合，黑也不行。

由此可以看出，只要自己子力明显多于对方时，应积极主动作战。

（图1-56）黑1、3挂拆是小林流的布局下法。对白4挂角，黑5二间高夹积极主动。

针对白6的强行靠，黑7位扳是消极软弱的下法，被白8退回后，黑3、5之子就没有充分发挥作用。黑9如扳，白10断好手，以下至白14，黑明显不好。

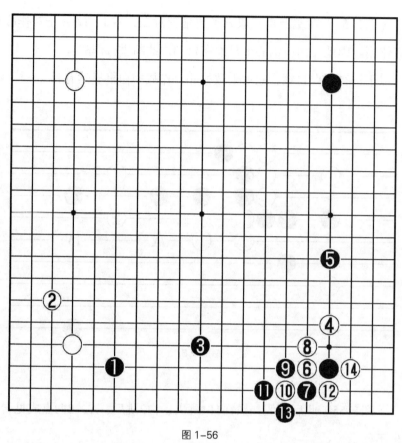

图 1-56

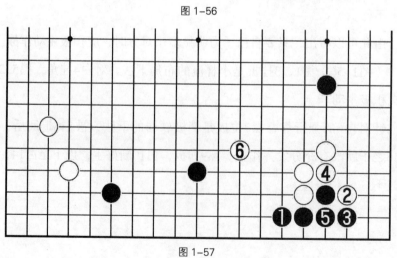

图 1-57

（图1-57）黑1如改长一手虽比前图扳要好，但被白2、4先手利用后，再于6位大飞，白可轻快地处理好，黑仍不能满意。

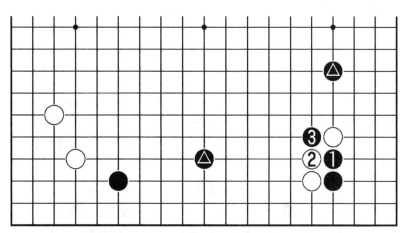

图1-58

（图1-58）在黑子力多的情况下，因白过分，黑应以此为战机积极作战，只有这样才能掌握全局的主动权。因此，黑1、3顶断是强有力的战法，这样黑△两个子可起到很大作用。

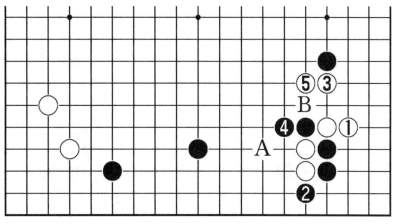

图1-59

（图1-59）此后，白若1位下立，黑2扳必然，以下进行至白5，黑明显有利。

白3如在A位跳出，黑B位长后，白作战仍不利。

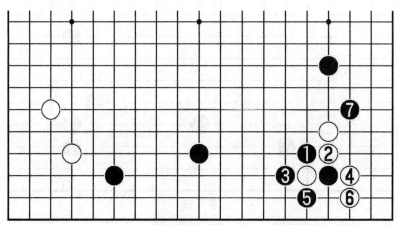

图 1-60

（图1-60）黑1扳后，再3位打吃也是颇为有力的下法。

白4、6如忍让企图转换，但被黑7占据要点后，白仍感到很难受。

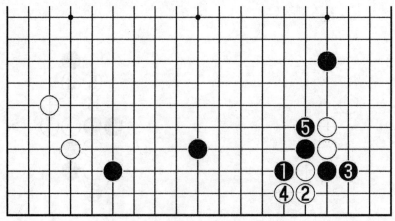

图 1-61

（图1-61）黑1打吃时，白2位立下，则黑3长必然，白4曲时，黑5压后，在黑子力多的情况下，黑作战有利是必然的。

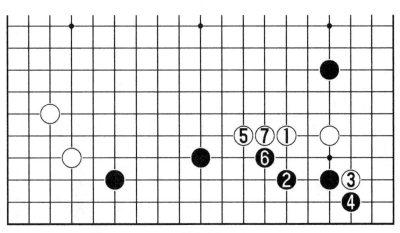

图 1-62

（图1-62）因此，在黑二间夹时，白1、3、5跳出是正常的下法，以下至白7，这是实战中经常出现的局面，双方均可下。

由此可见，在对方子数多时，应尽量避免作战，否则必将受损。

三、过分依靠定式

一般情况下，在序盘阶段，除部分接触战之外，是不存在所谓"绝对一手"的。也就是说，应该充分发挥自己的想象力，特别是对定式更不能过分依靠，只能灵活运用。

（图1-63）此局面下，黑1一间高夹看似严厉，企图强迫白在A或B位出头，然后黑可利用右边的厚势获取便宜。这样虽是定式，但这只是局部手段，白应从全局考虑。

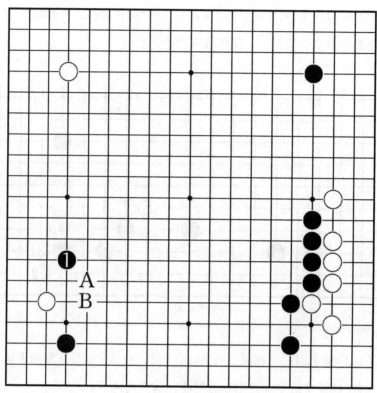

图 1-63

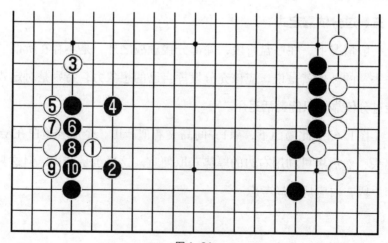

图 1-64

（图1-64）黑棋的目的就是诱使白1按定式跳出，黑2飞应是好步调，白3反夹，黑4跳出，以下进行至黑10是局部基本定式，但黑在下边构成大模样是黑所希望的局面，白不能满意。

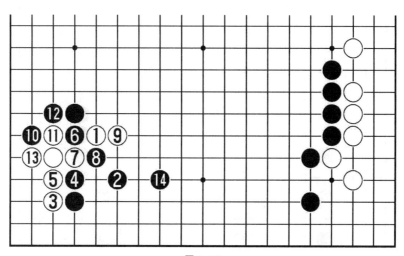

图 1-65

（图1-65）白棋如1位飞出，黑仍2位飞应，白3托角，黑4长，以下进行至黑14跳，这虽也是基本定式，但由于黑有右边厚势的支持，黑棋作战有利是显而易见的。

（图1-66）白看清这种局面的特殊性质后，在1位反夹是随机应变的好手。被黑2靠压后，一般情况下白不肯弃子，但白3在下边拆二后，黑右边的厚势得不到发挥，黑只能在4位虎，以换取左下角得到实空，这样双方大致是均衡之势。

总之，作为白棋来说，这样选择是正确的下法。

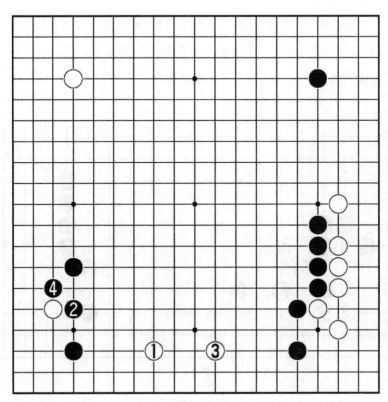

图 1-66

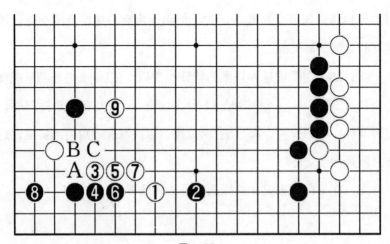

图 1-67

（图1-67）对待白1，黑如2位拦遏，白3飞压是必然的，这一手在左右联络上也很有意义，同时还限制了黑的厚味。

以下至白9跳出，双方大致如此，白充分可下。白1若单走3位飞，则可形成黑A、白B、黑C被扭断的局面，这样作战白肯定不利。由此可以看出，白1是绝好的一步。

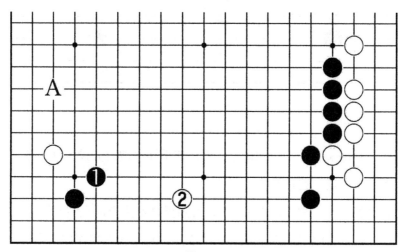

图 1-68

（图1-68）黑为了发挥右边厚势的作用，总想把下边模样化。对黑1尖，白2分投是恰到好处的一手，此后黑即使占A位夹，但因被对方在下边获取便宜，黑总有些不快。

因此，从布局的观点来看，定式阶段的强制性，恐怕还是被许多人所忽视。

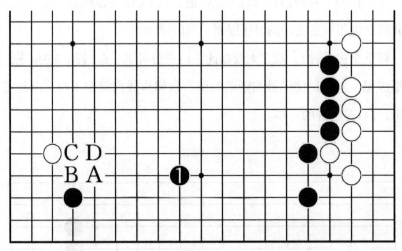

图 1-69

（图1-69）在左下角无论怎样走，如果知道被白分投不好，黑1就会先在此抢占大场，这是有力的构思。

在此情况下，白不敢在A位飞，否则黑毫不犹豫地在B位冲断，以下至白C、黑D。因为在此挑起战斗，黑右边厚势就会发挥作用。

要胸怀全局，在走法上下功夫，这是创造性对局的源泉。

定式是处理局部战斗最合理的手段。它是否符合全局的需要，则另当别论。若只从定式来构思时，当被对手从全局出发不用定式来进攻，则是相当被动的，这会给以后的局面带来不利因素。

（图1-70）对黑1大斜定式，白2、4是正常应接。现在的关键是白以后应该如何选择，这也是本型要讨论研究的问题。

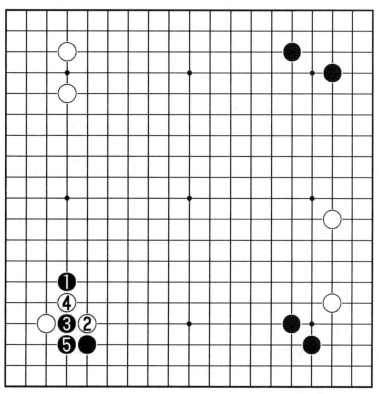

图 1-70

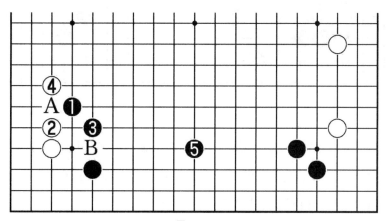

图 1-71

（图1-71）白若避开战斗，在2、4位应是对付大斜定式的最简单的办法，但被黑5占到绝好点，黑可以满意。

黑3不能在A位挡，否则被白B位压出，黑将难以应对。

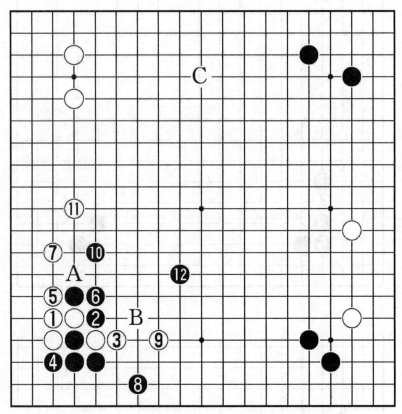

图 1-72

（图1-72）白1位粘后，再3位长出正面作战，这是黑棋非常欢迎的。

以下按基本定式走至黑12，由于黑右下角小尖两子很强大，白三子处于被攻地位，很明显黑占优势。

进行中，若把白9走在A位，则黑B、白C位占大场，这肯定是摆脱照搬定式的一种有效走法。

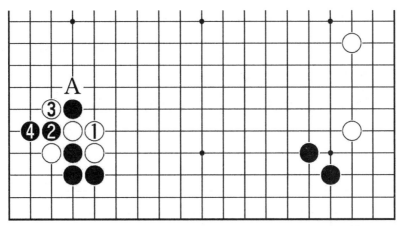

图 1-73

（图1-73）白1在粘上边时，黑2断必然，当白3打吃，黑4立下后，白A位征子不成立。一开始就受到定式的约束，当下一手落空时，便灰心丧气。只有学会灵活运用定式的方法，才能解除危机。

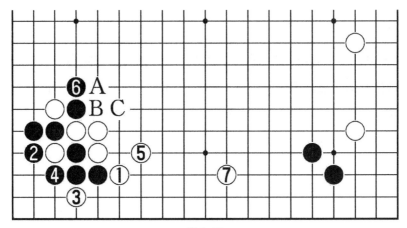

图 1-74

（图1-74）白1扳，是摆脱定式的好手，以求在下边进行转换，十分有力。

对黑2拐打，白3下托是十分巧妙的一手，黑4只能提，则白5虎整形，黑6长，白7拆后，白转换的目的已达到。黑6如不走，则白可A位跳。黑6如走B位，则白C位扳形更厚。

转换的结果，黑在局部稍占便宜，但在全局是均势。

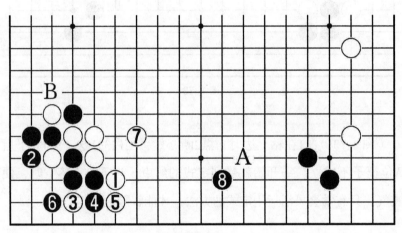

图 1-75

（图1-75）对白3这一手筋，黑如贪心地在4、6位吃白子，白5先手后再7位整形，黑毫无便宜可占，相反，白棋变厚了。黑8如补左边，白A位拆是绝好点。以后白还可以在B位长，此结果黑不好。

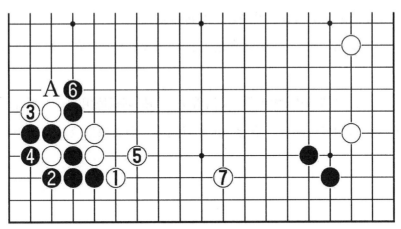

图 1-76

（图1-76）黑如改在2位打，被白3先手利，很明显黑不利。白5虎后，不论是黑6长，还是下在A位，以后仍必须再补一手。

至白7拆后，黑仍不满意。

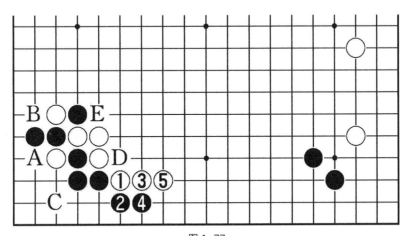

图 1-77

（图1-77）黑2位扳，被白3、5长出，这正是白棋想向下边发展的意图。在角上还留有白A、黑B、白C的攻杀手段，这样黑还须在角上补一手。这个结果从全局看，黑仍处于不利局面。

黑2如在D位断，纯属无理之着，白只要在E位拐吃，黑成崩溃之形。

总之，白1扳是摆脱定式的灵活着法。如果刻板地用定式，不打破框框则将陷入困境。因此，不能死记硬背定式，而要根据全局的形势来灵活运用。

第二章

定式巧用的基本知识

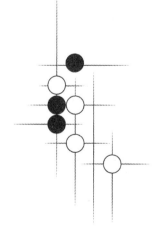

平时，大家下棋都有自信心，对于错误，是不会明知故犯的。但实际上，却有人把错误认为正确。例如，只追求定式的正确次序而不考虑其他的人就不少。

正确地使用定式源于正确地记忆定式。这虽是一个简单的问题，做到却并不易。

那么如何正确地使用定式呢？首先要掌握定式的特点，并知道这个定式的优缺点，这是很重要的。不但对自己的棋形，对对方的棋形也应随时注意。

为了提高这种判断力，就需要根据不同的情况，采用不同的方法，做到灵活行棋。正如大家所知，围棋几乎没有所谓绝对好手，就连定式也有因为周围的配置不同，而走成恶手的。总之，熟记定式并非一劳永逸，只有真正理解了定式的妙用，才能算真正的"定式通"。

一、星的特点及使用方法出

现在，把星的定式变化大致介绍一下，其目的是引导读者发现星定式的许多特点。

在让子棋中必须使用星位，星定式也是初学者必须要学会的。特别是现代围棋比较重视布局的速度，即使在分先对局中，使用星位的人越来越多，星定式具有重要的意义。因此，读者为了提高棋艺水平，不论喜欢或不喜欢，了解星定式的特点和下法都是很有必要的。

总之，掌握星的特点才能充分地理解星定式。

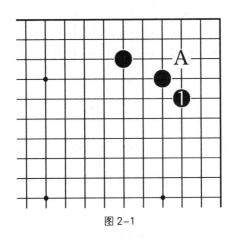

图2-1

（图2-1）星的位置在四线的交叉点上，即"四·四"处。

一般说，第三线是实地线，第四线是势力线。星位在不偏向左右任何方向的对角线上，这个位置如实表现了星的特点。其他势力线的位置没有它的通融性，而且它向边上发展的速度较快，这就是星位。

星定式与小目定式相比，如果要说有什么不同的地方，也许是星位存在着点三三的问题，星对于守角而言是不严谨的。

如图所示，黑即使加一手小飞，白仍有A位点三三的手段，黑不能成确定地。黑棋如果想守住角，还必须在1位小尖，只有这样花三手棋，角上才能成确定地。与小目两手棋守角相比，星位守角的效率就太低了。这也就是星位的最大不足之处。

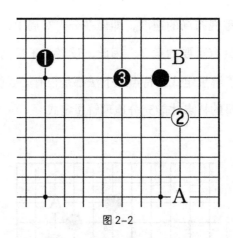

图2-2

（图2-2）星不易守住角部实地，但星向两边发展速度却很快。黑1或在A位广拆是发展的方向。星和黑1之间成多少空现在不好说，但是，对方不好侵消的地方也可暂时算成星的空。这种感觉无论如何是一定要掌握的。

不论是谁，在刚学下围棋的时候，总要被高手让几子甚至十几子，尽管如此，输棋的时候还是很多。为什么有许多人下不好让子棋？这是因为被让的子在星位，却没按星的特点行棋之故。

星位子具有向中央、左右快速发展的特点。为了发挥其特点，应配合相应的下法，使之形成阵形。而下不好让子棋的人，其共同缺点是忽视星的特点，总希望将被让的星位子生成实地，在这种观念指导下又怎能成功呢。

其实，只要稍微思索就能发现符合星的构思及好手。如图黑1开拆后，若白2挂，黑3可以坚实地守一手。白虽可以在B位点三三，但黑在四线围好像能形成坚实的地。从中可以看出星向实地的转化。

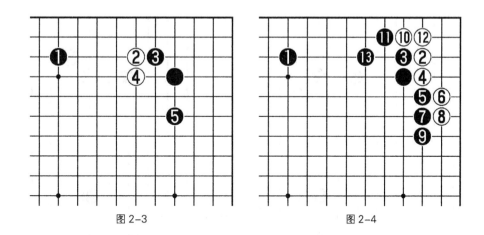

图 2-3　　　　　　　　　　　图 2-4

（图2-3）黑1拆时，白若2位打入，黑3先尖、再5位跳是必然的攻击方法。由于立二无法拆边，黑可通过攻击来围地，将来在右边还是左边成地要灵活而定。

（图2-4）对黑1的展开，白2若直接点三三（一般不立刻点入），黑3挡，以下至黑13虎是一般的点角定式。这样清楚地形成角地和外势分明的局面，如果开始这样下，黑棋明显有利。

根据对手的行棋，实利和厚味的关系就相应不同，这就是星的特点。

总之，缺乏作战能力就难以运用星。某些业余棋手模仿高手下棋之所以失败，大概是因为他们不能很好地使用星定式。

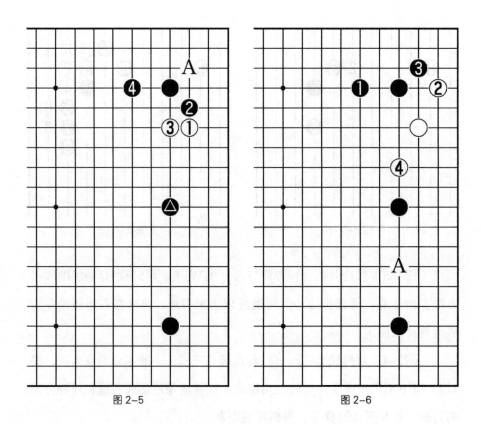

图 2-5　　　　　　　　　　　　图 2-6

（图2-5）这是三连星的基本结构，也是让子棋的形状。白1位挂角在让子棋中极为常见，黑2尖顶、4位关是攻击的步调，也可以说是此形的必然之着。目的是让白走重，期待攻击的效果。

因黑▲占据好点，白有被紧迫之感。虽然留有白A位点的味道，但是目前则不能考虑。白正受着攻击，是没有A位打入的余地。

（图2-6）黑1单跳，白2立刻小飞，形成黑3、白4的格局。黑1不能说是恶手，但确实是缓手，让白棋走得过于舒服，以后就无法对白棋进行攻击了。特别是在让子棋中，白以后会在A位一带打入，黑棋显然不好。

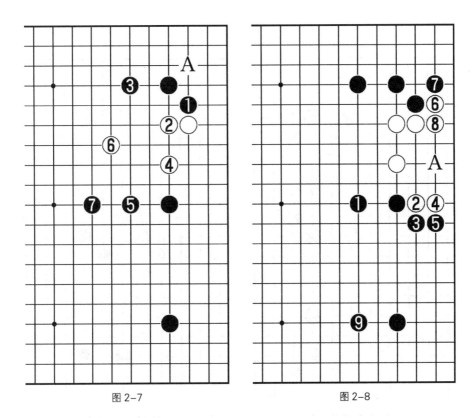

图2-7　　　　　　　　　　　图2-8

（图2-7）黑3跳后，白大致要在4位拆，黑5跳紧逼是好手。当然，除此手外，黑5还有其他攻击方法。

白6跳，黑7继续扩展，是黑以下方为重点的好步调。通过攻击，形成下方规模宏大的模样是既定的方针。反正A位有打入，黑角也成不了实地，围上边已没价值了。总之，因右上角不好防守，黑通过攻击扩展下方模样是正确的构思。请培养这种敏锐的感觉。

（图2-8）对黑1跳，白2、4托立，对此，黑3、5扳挡，由于黑A位点很严厉，白6、8扳粘是不得已，黑9补后，在下边构成理想的大模样，黑充分可下。

黑仍留有A位点的手筋。

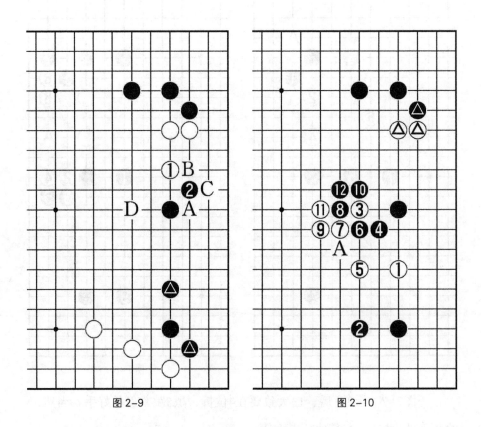

图2-9　　　　　　　　　　　图2-10

（图2-9）右下角有黑△两子时，白1拆，则黑2尖从下边攻击是正确的下法。黑2也有在A位扎钉的。

白1如下在B位，黑则应以C位飞攻。白1后，黑在D位攻击是不会构成下方的大模样，而黑2从下边攻击却正好确保了实地。这样通过攻击换取实地的道理，必须要牢牢记住。

（图2-10）在让子棋中，白不会像前几图那样老老实实地行棋，所以白会选择1位打入，黑2跳时，白3镇，这是让子棋中出现的常型。

对此，黑不要害怕白的虚张声势，黑可以简单地在4位尖出，这样白反而陷入"无应手"的困境，毕竟黑白子数的对比，黑占有压倒优势。若黑4只是想逃就失去了子数多的价值。

白5如跳，黑6当然长出。白7扳，黑8单断正确。以下进行至黑12是必然的。黑▲尖顶的效率明显，白◎两子成为既重且苦之形。而且黑还瞄着A位扳，有切断白棋的手段。

白5虽还有其他种种手段，但黑作战有利是肯定的。总之，黑如能走出如此高明的棋，高手又怎能让你很多子呢?

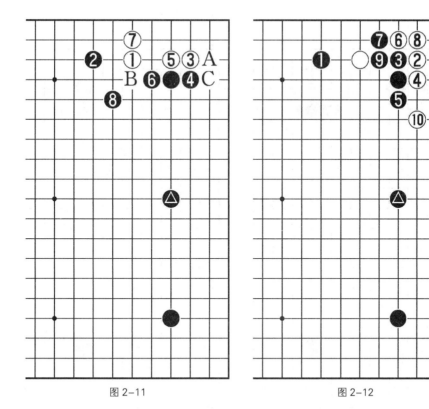

图 2-11　　　　　　　　　　图 2-12

（图2-11）白1挂上边是正确的，黑2从上边夹有一个原则，即黑2一间夹或二间窄夹时，首先应有黑▲子存在。就是说，需注意的主要不在于夹的方向，而在于旁边右侧的方向。

白2点三三是常识，黑3挡是充分发挥黑▲子的作用。以下至黑8是必然的进行，也是实战中最常见的定式。

白7也有在A位立的下法，那样则黑B位压，白7立，黑C位挡。

（图2-12）白2点三三时，黑如3位挡则违反棋理，白4至白10后，黑1一子的位置稍感欠佳。而且，右边星的▲子也失去了均衡，成为缺乏效

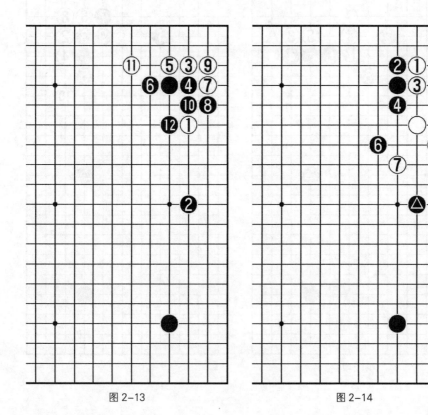

图 2-13   图 2-14

率的子，多少给人有一种首鼠两端的感觉。

成了这种形还感觉不坏的人，必须从根本上纠正感觉。这个结果不能算是定式。

（图2-13）如果黑2采用宽夹，重点移到下边。这种场合，在上边中间的星上一般是没有黑子的。

白3点三三，黑4挡正确，以下至白11是基本定式，黑12扳是本手。告一段落后，黑贯彻了开始黑2夹的意图，下边一带构成好模样。但不管怎么说，黑白都是好形，双方没有一个废子，大致是两分。

（图2-14）如不考虑黑▲是宽夹，对白1点角，黑2挡上边是无视棋理的一手。

白3、黑4长必然，白5尖后，黑已无法封锁白棋。黑6飞则白7也飞出，黑仍无法封锁，至此黑▲的位置不好。由于全部黑子缺乏配合，棋形也变坏了。这就是无视棋理的结果。

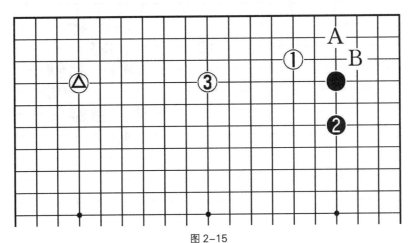

图 2-15

（图2-15）在有白⊖一子时，白1挂角，黑2跳是正常应对，白3大飞补是以与白⊖的平衡为重点。白不马上走A位飞是保留伺机在B位点角的权利，除此之外没有别的办法。

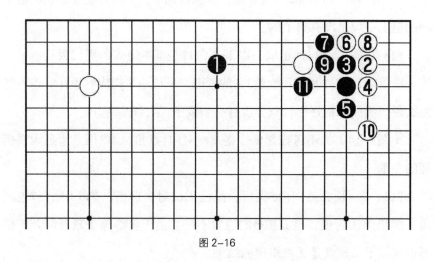

图2-16

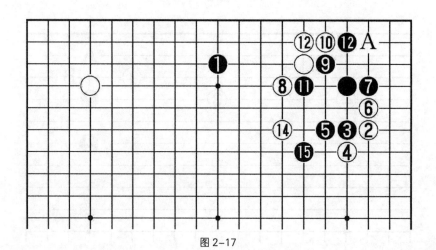

图2-17

（图2-16）对白挂角，黑采用1位宽夹也可，目的是破坏前图白的构想。白2点角，以下至黑11是基本定式。

黑从白星的方向夹，与其说攻击，不如认为是定形。夹就是攻击，如此下结论是不行的，这正是星的特点。

（图2-17）对黑1夹，白可于2位双飞燕。黑3压是按照"压强不压弱"的基本原理。

以下至黑15是基本定式，白虽有A位夹的伏击手段，但左右白棋都需要治理，而且黑1仍旧有攻击的作用。

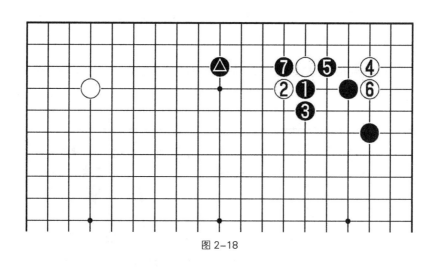

图 2-18

（图2-18）黑1压是错误的。白2扳后，再4位点角是好手，以下至黑7打吃，由于黑▲子的效率大为降低，黑显然不好。

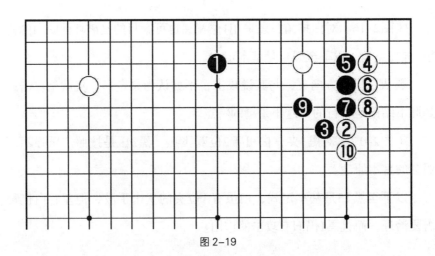

图 2-19

（图2-19）白2也有高一路反夹的。即使白是高位，黑3也必须靠出。

白4如单点角，黑5挡必然，以下至白10是基本定式，黑1仍体现出夹的作用。

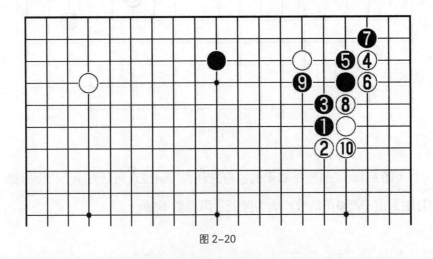

图 2-20

（图2-20）对黑1靠，白2先扳，然后再4位点角也是一种下法。

以下至白10粘，成为黑得上边实地并保持先手的定式，黑充分可下。

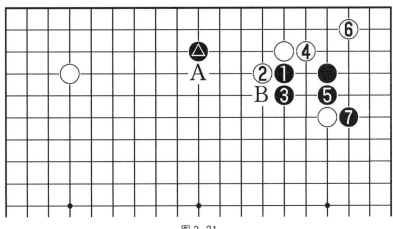

图 2-21

（图2-21）黑如采用1位压则是错误的。白2扳必然，以下至黑7虽是局部定式，但黑失去了当初夹的意义，显然黑不好。假如黑❷子在A位，加之下边星处有子，黑可选择这个定式，但黑7必须于B位拐，这样配合下边还是可行的。

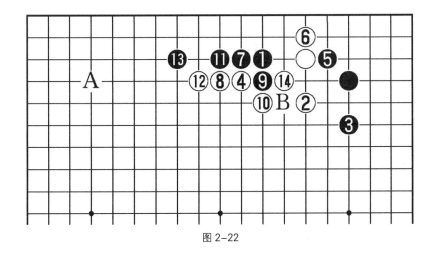

图 2-22

（图2-22）黑1一间夹时，白如不愿点三三，也有白2跳的，黑3跳是当然的。对白4，黑5先尖后，再黑7、9动出是次序，以下至黑13是基本定式。

这种场合，A位是黑子还是白子很重要。对黑来说，本图是简明的进行。白14是防黑B挖的手段，不可省略。

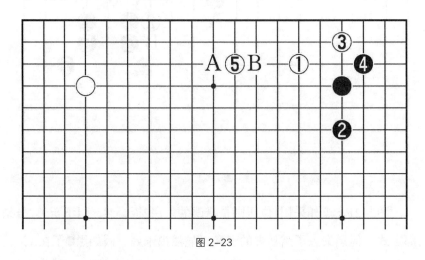

图 2-23

（图2-23）白1挂时，黑2跳是平衡的应手。白3如决定飞，就必须在5位拆二获得安定。

白5不能在A位拆三，否则被黑B位打入，白顿时陷入困境。白5也不能脱先，被黑B位夹攻，白苦战。

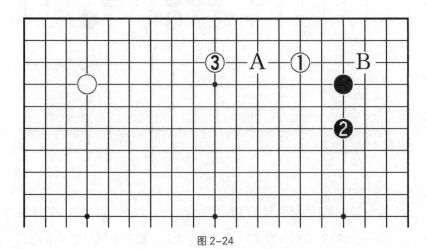

图 2-24

（图2-24）假如想拆三，那就应直接走白3，这才是定式。以后黑如A位打，白也有B位点角的变化，没有什么大负担。

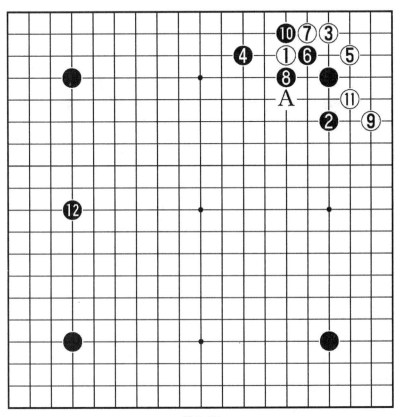

图 2-25

（图2-25）这是一盘让四子棋。对白3飞，黑也有4位夹的下法，虽然给人一种稍过分的感觉，但这却是重视外势的一种有力下法。

白5尖角必然，黑6尖、黑8扳是厚实着法。以下至白11是一般应对。这里虽然还有很多变化，但关键要看周围的配置。

着眼全局，黑12形成三连星，是绝好的点。白5不能在A位跳，那样被黑占到5位尖角，白三子处于被攻状态，白显然不好。

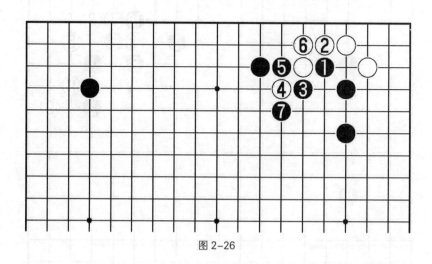

图 2-26

（图2-26）这种定式有征子关系，如忽视此点便会处于困境。

本定式的成立，有不可缺少的先决条件，因此对于征子定式，有必要特别注意。

对黑3扳，白4连扳颇为有力，黑5、7即存在征子是否有利的问题。

所谓征子有利是指：1.目前征子是有利的。2.对方无相当有力的引征手段。必须满足这两个条件，才能走本图的下法。

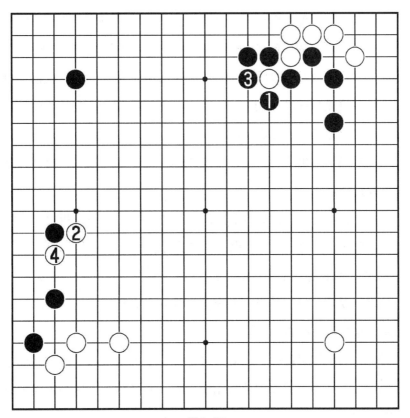

图 2-27

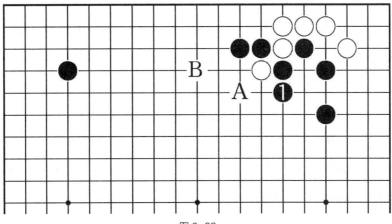

图 2-28

（图2-27），现在黑1可以征吃白。不过，这一征子关系还不完全。可以征，对方又没有有力的引征手段，这才是完全的征子条件。

如图所示，白2靠是进行引征的强有力手法。黑虽也有抵抗的手段，但很麻烦。故黑3只得提征子，不过，被白2、4连走两手是难受的。这个变化，可以说黑棋是以失败而告终。

（图2-28）如果不能征吃，黑1选择长一手是很难受的。既然感到难受就不要这样走。

之后，黑虽有A位枷吃的手段，但和能一手提净一子相比，这样显然不好。况且，在此之前白棋也有动出的可能性。

因此，黑1长还不如单在B位飞一手好，但左边角上必须是黑棋。

总之，要掌握星的特点，并充分发挥它的力量，根据周围的情况灵活巧用，这是很关键的。

另外，如果细讲的话，还有许多定式，不可能全部讲述，而且也没有全部记住的必要。只要记住常用的定式，并灵活运用这些定式是极其重要的。

二、小目定式的使用方法

星定式在现代布局中相当重要的，但并不能以此为中心，而忽视其他定式。作为分先定式的小目，它的种类是很多的。因此，读者也应了解基本的定式变化。

（图2-29）黑1、3、5分别以小目开局，这是很有名的"秀策流"布局，黑7、9是所谓的"秀策尖"。这种下法在当时被称为"千古不变"。但随着时代的发展，加之现代对局又有"贴目"的负担，小尖虽然很有力也很坚实，但显得步伐太慢，影响行棋的速度。因此，近来其影响也变小了，而且使用的人也越来越少了。这也说明围棋在不断地发

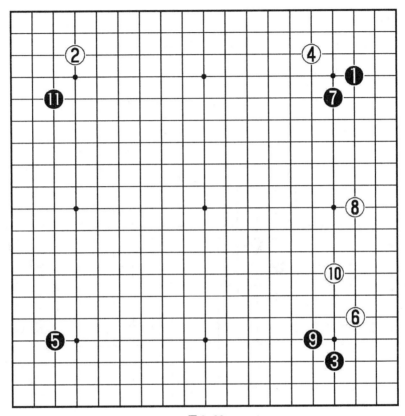

图 2-29

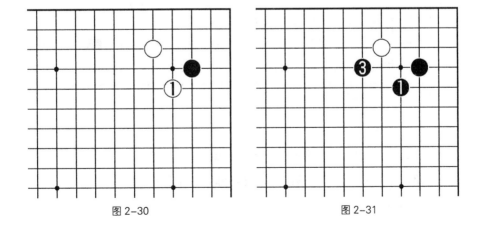

图 2-30   图 2-31

展和进步。

（图2-30）对黑小目，白小飞挂后，到底黑白哪一子的位置高？如果白1飞压，这样一来白子占到五线，黑子占三线，当然是白子的位置高。

（图2-31）黑1尖，目的在于调整这一高低对比，然后黑3飞压就处于优势地位了。请对小目的这一特点给予关注。

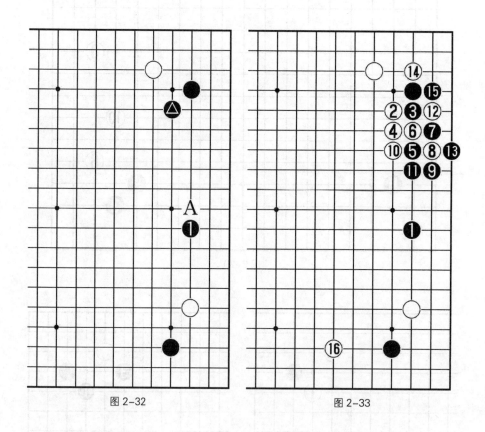

图 2-32

图 2-33

（图2-32）如果黑有▲一子，下一手黑1成绝好的拆逼，黑的小尖有一箭双雕的作用。但这只是一厢情愿，在黑▲尖时，白可先抢占A位拆的好点。

（图2-33）黑1直接夹攻又如何呢？

白2会马上飞压，这样可让黑处于低位。黑3长没办法，黑5跳时，白6、8冲断，严厉。以下进行至黑15大致如此，由于黑1和上边厚味太近，显然成为凝形。白先手在16位反夹可作转身处理，这个结果黑肯定不好。

所以，作为小目来说，最大的缺点就是容易让对方压得太低。

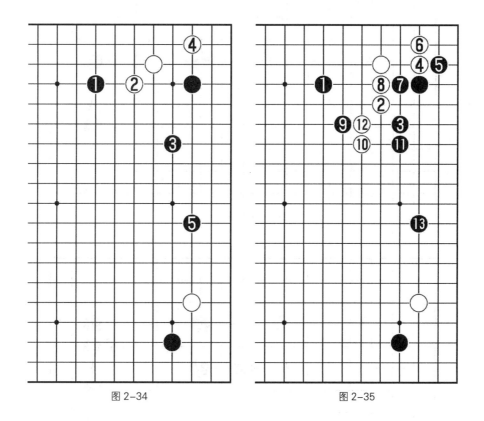

图 2-34　　　　　　　　　图 2-35

（图2-34）因此，小尖的应法稍感缓慢。本图的黑1夹才是追求速度的现代流。对黑夹有多种下法，可根据不同场合进行选择。

白2尖时，黑3大飞调整了高低关系。白4飞角必然，黑5达到了拆兼夹的目的。

（图2-35）白2跳，黑3仍飞起，以下至白12是基本下法，黑13仍占到一子两用的绝好点。

当然，白也有其他变化可选择。但不管怎么说，黑棋的这种下法是积极的态度。

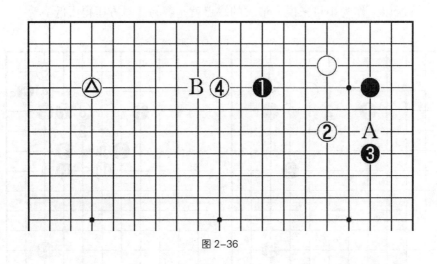

图 2-36

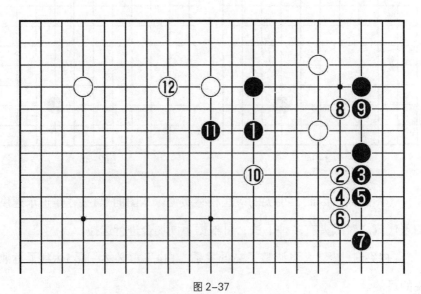

图 2-37

（图2-36）黑1二间高夹是小目定式中的主流，在实战中使用最多。

由于左上角有白△子，白2跳出就是很自然的进行。黑3出头也是当然，总不能让白再走到A位。

让黑3得到一定实利，其代价就是获得白4的夹攻，利用白△子对黑进行攻击，争取从中获得利益，这就是围棋的简单棋理。

白4也可在B位夹攻，总之，必须与白子相呼应。

（图2-37）黑1跳出正常，白2飞压是绝好时机。黑3爬是获取实利的下法，至黑7成必然。白8尖和黑9交换很有必要，然后白再于10位镇，利用右边厚势对黑进行攻击，至白12，形成战斗的局面。至于好坏，将取决于周围的情况。

白10有时也可选择11位跳。

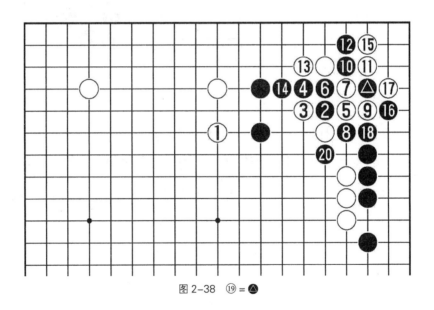

图 2-38　⑲ = ▲

（图2-38）假如白没有在5位先交换一手，而单于1位跳攻，必将遭到黑2、4的强烈反击，白难于应对。

白5，7只能这样下，黑8必断，以下进行至黑20打吃，双方大致如此。白虽然得了角地，但开始时攻击的意图则完全落空了。而黑在外边棋形很厚实，白右边三子已失去活力，左上方也相对地变得非常薄了，好坏一目了然。

这就是白棋次序错所造成的损失。

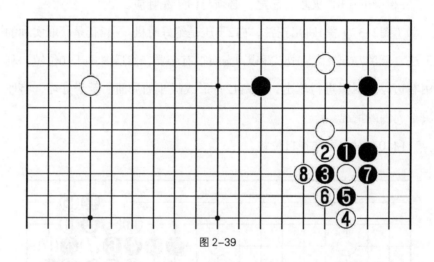

图 2-39

（图2-39）对白小飞，黑1、3冲断作战也是可行的。

白4跳，是这个定式中的手筋，保留7位挡的先手权利是高级的着想。

对此，黑5打吃在一般情况下是不好的。因为被白6、8滚打，黑极其难受。

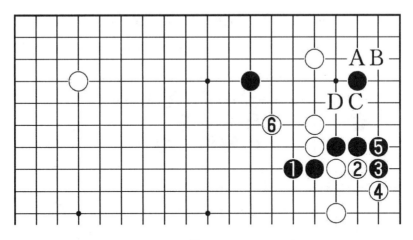

图 2-40

（图2-40）黑1长，进行战斗是正确的下法。白2挡必然，黑3、5扳粘也只能如此，白6跳出后，形成较复杂的战斗，好坏取决于周围的配置情况。

以后，白有A位靠角的手段，黑B扳，白再C位夹，白可先手便宜，黑极其难受。因此，黑3也有在D位先手尖后再A位补角的下法。

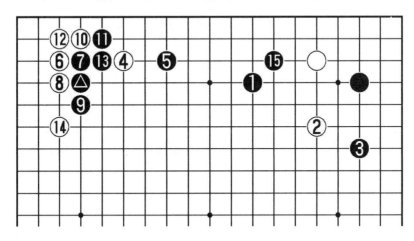

图 2-41

（图2-41）假如左上角是黑●的话，黑1位二间高夹更为有利。

白2二间跳出后就没有反夹的手段了，如4位挂角，黑5夹是当然的应对。白6点角转移是正常的，黑7挡正确，以下至白14是星位基本定式。但黑先手争到15位尖，对白两子进行强有力的攻击，黑作战明显有利。

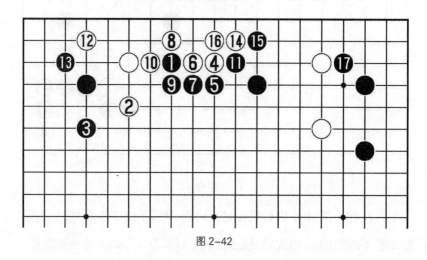

图2-42

（图2-42）对黑1夹，白如2位跳后再4位打入，黑5压是必然的应对。

白6、8渡过没办法，以下至白16止，白在上边已获得安定。但黑利用外边的厚味，于17位尖角对白两子进行攻击，黑仍掌握全局的主动权。

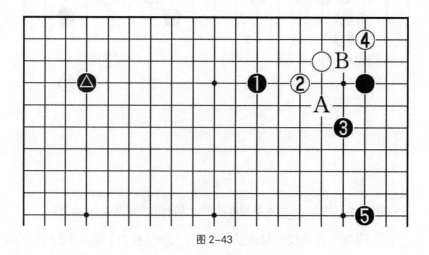

图2-43

（图2-43）白2尖避免作战，是先求安定的持久战法。由于左上角是黑▲的场合，避免激战，是一种稳健的下法。

黑3飞，白4飞角求安定是必然的，至黑5，是实战中常见的基本定式。黑3也有在A位飞或B位尖角的下法。

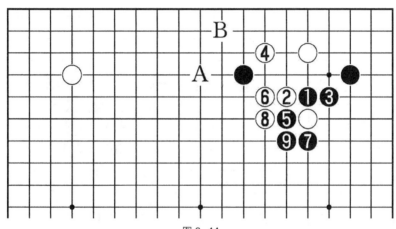

图2-44

（图2-44）黑1靠退也是一种下法。白4跳是稳健的想法。黑5断必然，以下至黑9，双方成平稳局面。

由于左上角是白子，白可在A位夹，如果是黑子，白在B位飞很坚实。

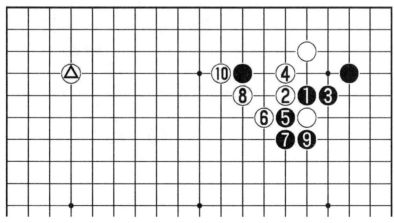

图2-45

（图2-45）白4退是强手，让黑5断后，白6、8打虎成好形。黑9拐吃坚实，味道也好，白10扳必然。

这是小目基本定式，由于左上角有白△子，白成为极漂亮的配置。

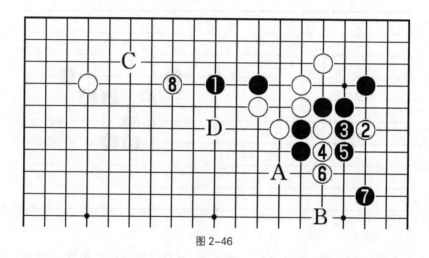

图 2-46

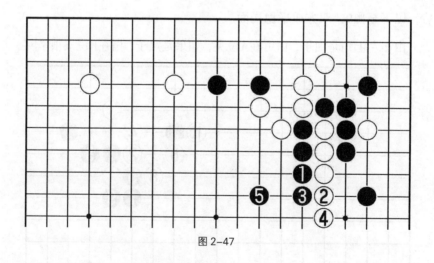

图 2-47

（图2-46）如果黑不想让白在上边构成模样，黑可于本图1位跳出，这样将形成复杂的战斗。

既然黑不补右边，白必然要动出一子。白2跳是此际的绝好手筋，黑3、5冲出成必然，黑7只能飞。此时，白8先夹攻是关键的一手，如在A位枷或B位跳，让黑于C位挂角，被黑两边都走到，白并不好。

之后，黑如D位跳出，白再于A位枷吃黑两子，这才是行棋的调子。

（图2-47）黑1、3动出，然后再在5位跳出，这是一种好战的态度。

不过，这是相当激烈的战斗，双方均处于无眼位状态，这关系到力量。总之，这是一个较复杂的战斗，跟定式已毫无关系。

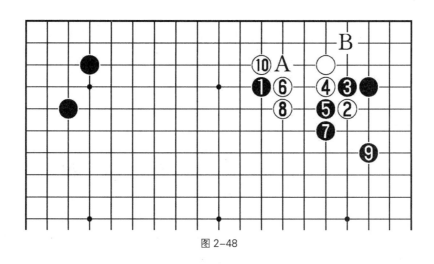

图2-48

（图2-48）这是左上角黑无忧角的形势。黑1二间夹，白也有在2位飞的定式。

对此，黑3、5断，白6碰是手筋，以下至白10成基本定式，双方均可以。

　　黑棋如果好战的话，黑9也可于10位立下，白在A位挡，黑再在B位跳，这种下法必将成为激战局面，这就要看双方的力量如何。

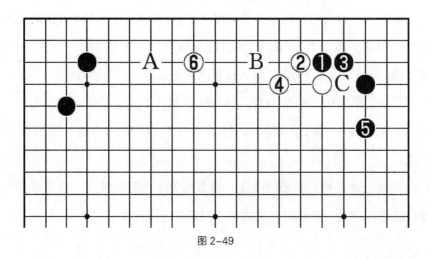

图2-49

　　（图2-49）对白棋高挂，黑1位下托是稳健的下法，以下至白6拆，是很有名的定式。结果黑得角地，白得边上实利，双方大致两分。

　　以后黑A位拆逼很大，并留有B位的打入点。白2如在C位顶，那样将形成复杂的雪崩型变化。

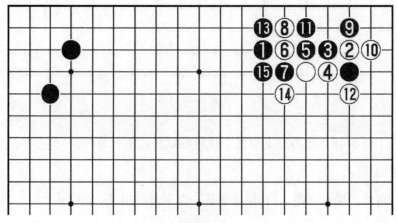

图2-50

（图2-50）黑1间低夹也很常见，白2托，黑3扳断，则白6挖是
要点。

如果征子不利，白12只能如此，以下至黑15，由于有左上角的配
置，一般认为黑稍好。因此，作为白棋来说，如果是本图的情况，就要
选择其他定式。

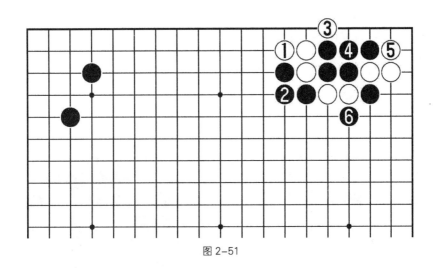

图 2-51

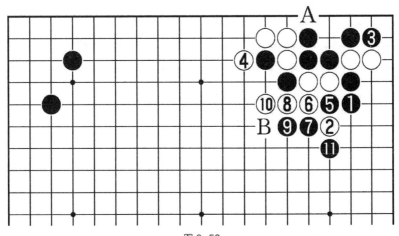

图 2-52

（图2-51）白1拐是定式的一变，目的是不让黑棋在上边形成模样。但是，因为这是征子定式，所以要特别注意。

黑2粘，白如3、5打拐收气，黑6若能征吃，白崩溃。因此，白1拐必须有个先决条件，这就是征子要有利。

（图2-52）由于白征子有利，黑1只能长。白2跳时，黑3挡角是绝对的。白4打吃正确，A位的打吃虽是绝对先手，但不能随手乱打，因为这是一个绝好的大劫材。从这微小的地方，就可以看出围棋的奥妙。

黑5冲，以下至黑11的转移成必然，这是两分的定式，以后B位将是双方的必争要点。

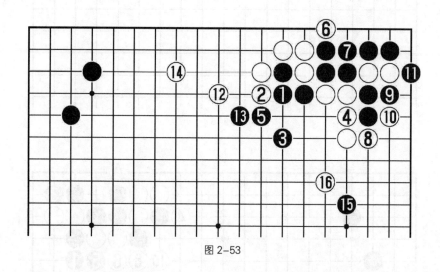

图 2-53

（图2-53）黑1粘也是其中一变。白2贴是要点，黑3跳，白4粘后，在8位拐时，一定要先6位打，然后再舍弃二子是重要次序。以下至白14双方大致如此，黑15夹时，白16飞出，形成一个大型作战的定式，好坏将取决于下边的配置情况。

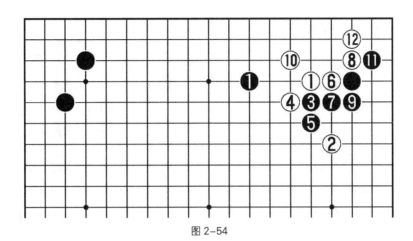

图 2-54

（图2-54）黑1二间高夹，这就是所谓的"村正妖刀"定式，其变化相当复杂。因此，被称为三大定式的其中之一。

白2向外大飞，是最普通的着法，但变化极其复杂。

黑3靠也是最常见的着法，白4扳必然，白6顶时，黑7挡简明。以下至白12告一段落，双方均有得失，可以说是两分定式。

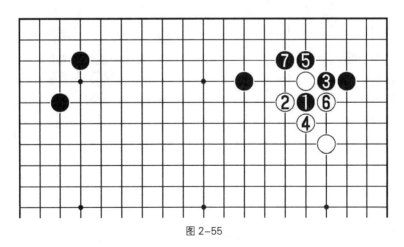

图 2-55

（图2-55）对白2扳，黑也有3位顶的下法。

以下进行至黑7长，黑得实空，白获外势，可以说是两分的定式。

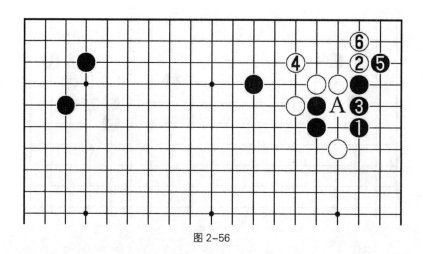

图 2-56

（图2-56）对白顶，黑1位跳是比较常见的下法。白2扳必然，以下进行至白6，由于黑1一子比在A位明显要好，因此，白不太满意。

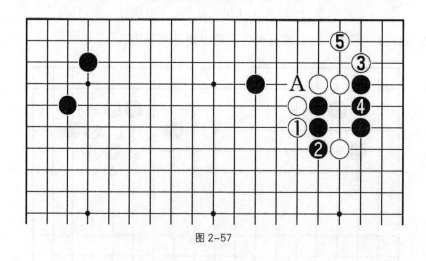

图 2-57

（图2-57）所以，白1多压一手正常，黑2长后，白再3位扳、5位虎。由于白1多压一手，不必担心黑A位的断。

这是简明的两分定式。

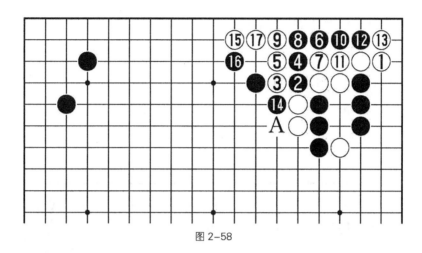

图 2-58

（图2-58）白1立下也很常见，但必须具备征子有利条件，否则只能于前图虎一手。

黑2断，是追求各种利用的下法，如再让白于4位虎一手，白棋形状太厚。白3打吃只能如此，以下进行至白17止，双方基本成必然。由于白征子有利，A位征吃已不成立，但黑可在下方做各种引征手段，而且上方黑有很多利用。因此，这个定式双方均可下。

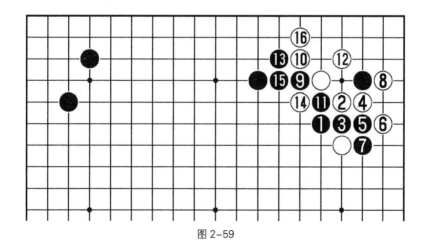

图 2-59

（图2-59）黑也有1位的下法。

白2、4简明应对，黑3、5、7在外边封锁是黑的意图。白8补正常，否则黑8位立，白将难以应对。

黑9靠，继续贯彻当初意图，以下至白16成必然。显然，这是以白得实地和黑得外势而告一段落，大致还是两分。

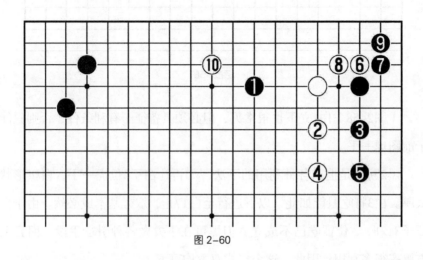

图 2-60

（图2-60）白2一间跳，是一种简明的下法。黑3跳应，以下进行至白10反夹，这也是实战中常见的基本定式。

总之，千万不能让定式束缚自己的思考方法。

另外，还有高目、目外和三三的定式，由于这三种定式近来一般人使用很少，在此就不介绍了。

对定式的理解是重要的，更重要的是把理解的东西很好地运用。研究定式的正确使用方法，是追求从实质上掌握定式。与其多知道些定式，不如去掌握这些定式的本质，这才是最关键的。

第二节 定式以后的下法

研究定式以后的下法，就是要掌握定式的特征和性质，根据双方所得的实利或外势，去思考怎样将定式以后的下法活用于中盘。

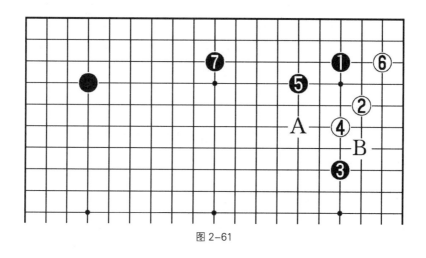

图 2-61

（图2-61）这是实战中常见的定式，至黑7告一段落。

对于这一棋形，A位的跳是进入中盘阶段黑白双方必争的好点。另外，在黑攻击的场合，B位尖是相当有力的一手。

定式在未定形以前，留有许多的下法。因此，应仔细分析局面再决定如何定形，事先就加以判断是很难的。

不能因为已经是定式；对产生的形就可以放心不管。请注意定式以后的下法。

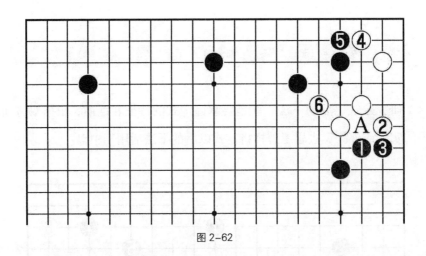

图 2-62

（图2-62）黑1尖是有力的攻击。对此，白2应是厚实的一手，也是正常的下法。黑3时，白4先手后再在6位补获得安定。白6如不补，黑有A位挤入的手段。

假如白2脱先又如何？

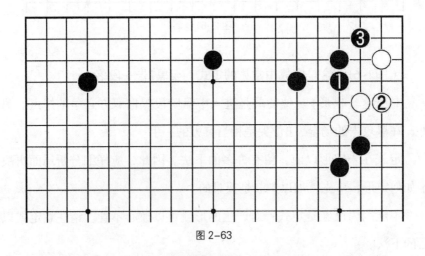

图 2-63

（图2-63）黑1并，是此际的攻击急所。此着看似一般，其实却是很严厉的一手。至此，白应手颇为困难。

白2立，则黑3尖角不让白做眼。这样白整块棋将成为无根浮棋，必然形成苦战局面。

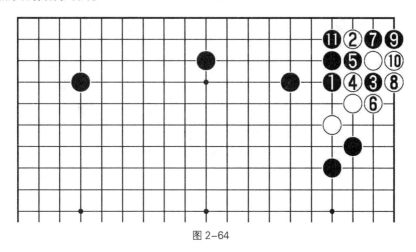

图2-64

（图2-64）对黑1，白2尖角，则黑3跨严厉，以下至黑11成必然。黑不但获得角空，而且白这块棋仍需补棋才能活净，黑棋好。

黑3也可以在6位托一手。

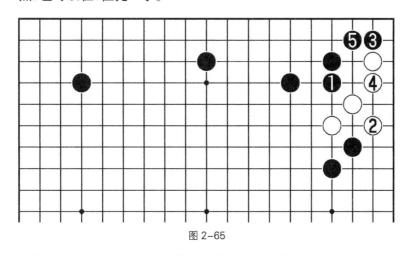

图2-65

（图2-65）白2尖，则黑3靠角必然，白4只能退，至黑5，白整块棋仍不是活棋。总之，黑1并后，白已处于被攻击状态。

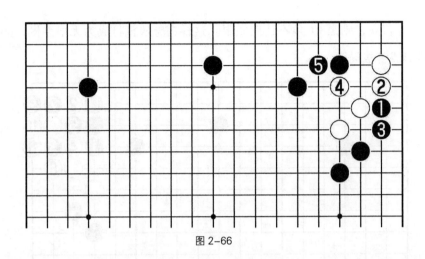

图 2-66

（图2-66）黑1单托看似要点，其实是步错着。

白若2位随手顶则上当，黑3退，白4只能尖补，被黑5退回后，白不能满意。此图是黑棋的一厢情愿。

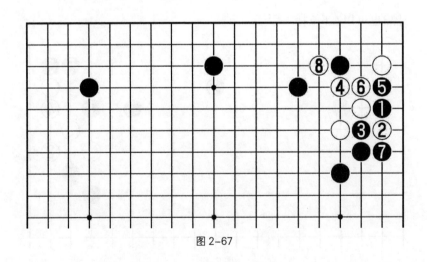

图 2-67

（图2-67）对黑1错误的托，白2先扳，黑3断时，白4尖是漂亮的手筋。

黑5顶，白6是绝对先手，然后再于8位扳吃黑一子，黑失败是肯定的。
请记住白4的漂亮手筋。

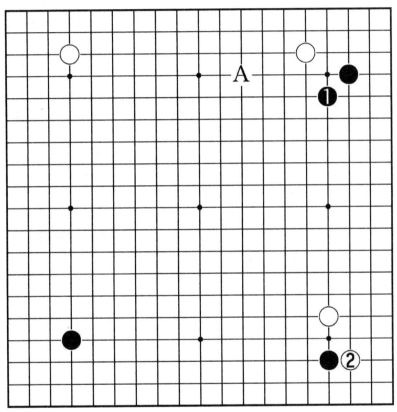

图 2-68

（图2-68）这是典型的"秀策流"布局。黑1尖被称为"秀策尖"，
在当时被认为是很有力的一手。现在，黑一般都会在A位采用积极的夹。

白2托时，黑如何应对呢？请思考对方的意图是什么。

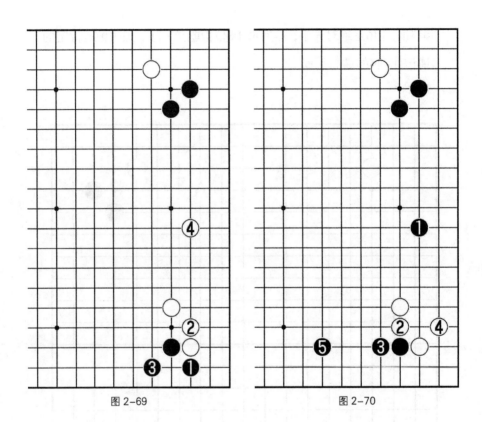

图 2-69   图 2-70

（图2-69）黑若1位扳后，再在3位虎，这虽是基本定式的下法，但正好符合白棋的意图。

白4拆恰到好处，抵消了右上角黑小尖的威力，这个结果黑失败。

（图2-70）黑棋充分利用右上角小尖的威力，在1位先开拆是有力的下法。

白2、4应，则黑5拆，这样黑十分可下。

（图2-71）白若1位扳，则黑2反扳是好手，以下至白7双方大致如此，黑8跳是要点，黑也充分可下。

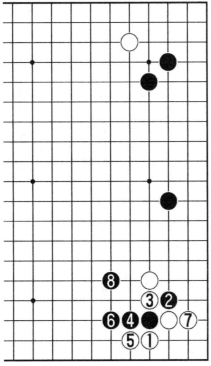

图 2-71

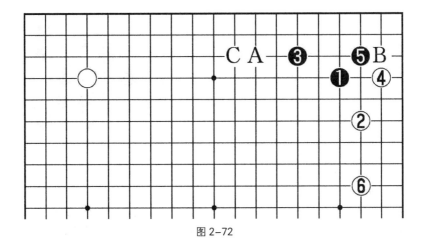

图 2-72

（图2-72）右上角至白6是星定式。以下黑可脱先，白若A位逼，则黑B位挡，白B爬角，则黑C位拆，这是常识性的一般应法。

假如白A位逼后，黑脱先不应会出现什么结果呢？

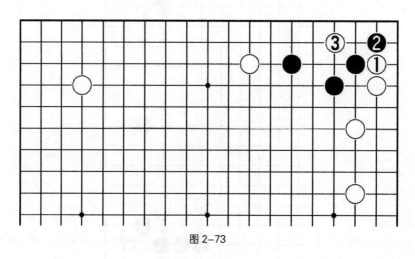

图2-73

（图2-73）黑如脱先，白1爬，再在3位点是攻击常法，黑如何防守才好呢？

请记住，此处的战斗，取决于双方的征子关系。

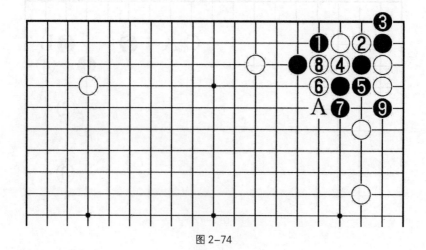

图2-74

（图2-74）黑1尖顶，白2断必然，以下至黑7成必然，A位和9位两个要点，黑必得其一，黑成功。

行棋中，黑3立是紧气手筋，如果立的方向搞错了，黑即被吃。

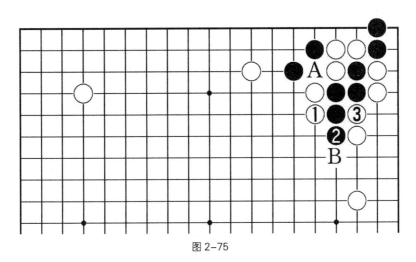

图 2-75

（图2-75）为什么说与征子有关系呢？从本图白1先压一手即可看出，黑2长出必然，白3紧气后，A和B两点成见合。可见，双方的成败完全取决于征子的关系。

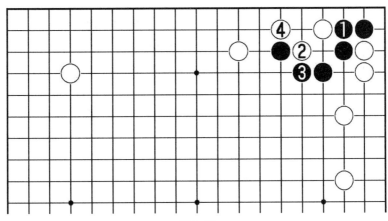

图 2-76

（图2-76）假如黑棋征子不利、黑只能在1位粘，但被白2、4虎渡后，黑根据地被夺，成为无根之棋，白显然成功。

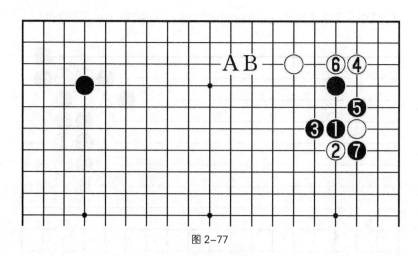

图 2-77

（图2-77）黑对白双飞燕，黑在1位压方向正确，符合"压强不压弱"之理。

白2先扳，再点角次序正确，以下至黑7，是星位基本定式的一种。

以后白A位拆二很大，否则黑B位逼很严厉。

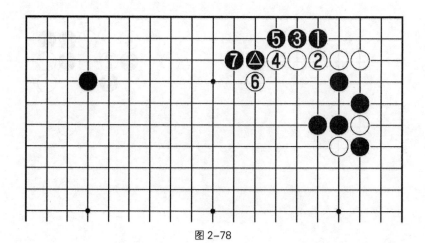

图 2-78

（图2-78）黑●位拦逼是绝好点，假如白脱先不应，黑有何严厉手段呢？

黑1位点入是攻击要点，白2只能接，以下至黑7长出，白整块棋眼位不明确。因为周围的黑棋十分坚固，所以，白棋有不安定因素，黑肯定有利。

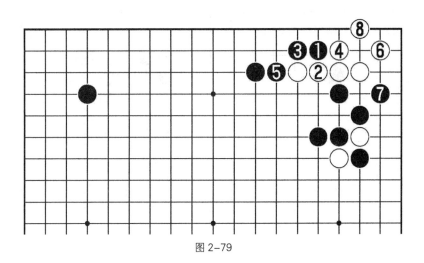

图 2-79

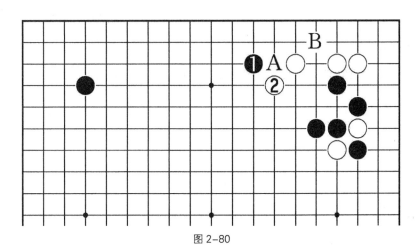

图 2-80

（图2-79）黑3退回时，白若在4位挡角。以下至白8，虽可做活，但活得相当痛苦，仅是做了两个眼，黑棋可以满足。

（图2-80）综上所述，黑1拆逼后，白棋是不能脱先的。

白2尖是防守常形，也有在A位顶的，目的都是防止黑B位点入。

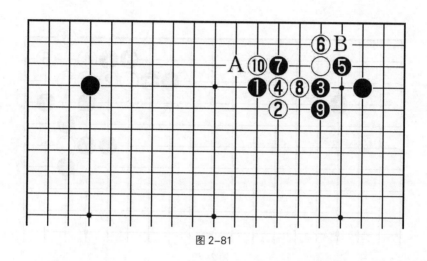

图 2-81

（图2-81）白2走象步也是定式一变，以下至白10断，这是大家都知道的基本定式。

以后A和B位是见合，关键是白棋脱先黑会有何手段？下面探讨一下双方的走法。

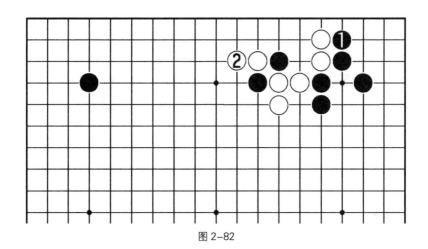

图 2-82

（图2-82）黑1挡是绝对先手，白2长出是正确应手。如果忘记这一点，麻烦就来了。

即使黑1不挡，白有机会在2位长也是厚实的一手。

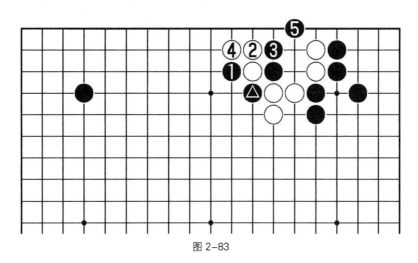

图 2-83

（图2-83）假如白脱先，黑有1位先打吃的手段，白2立时，黑可3位挡后再5位尖。有了这两步手筋，白棋已无法阻止黑棋渡过。

除非吃掉黑▲子，否则白就被分断成两块棋，白显然陷入苦战。

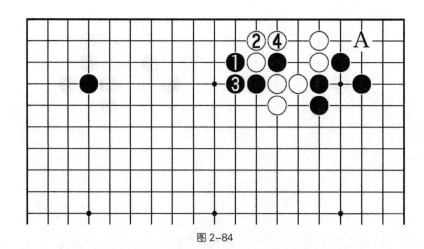

图2-84

（图2-84）根据左边的情况，黑1、3也可以定形。但这必须对白A的跳有心理准备。

要左边还是要角，应根据棋形决定，必须从大局着眼。

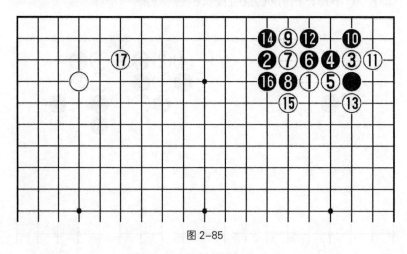

图2-85

（图2-85）黑2一间反夹是很常见的下法，以下至黑16是小目基本定式。请掌握白13、黑14后白再15位打吃的次序要领。

由于黑具有厚的外势，白17小飞守角是极好的一手，这样可限制黑的外势。

102

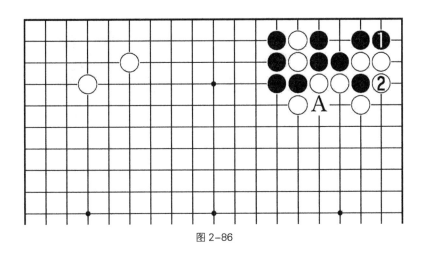

图 2-86

（图2-86）初学者往往以黑1和白2交换定形，其理由认为是先手，但却失去了在A位断吃的手段，显然应保留两种变化供其选择。

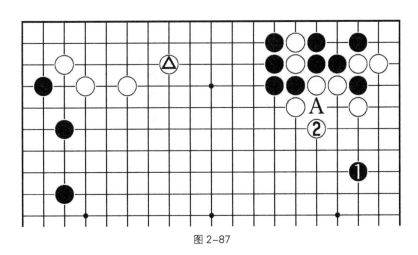

图 2-87

（图2-87），假如白已有⊕子的拆，黑已不能在左边构成模样时，黑在下边1位拆逼是好点，白为了防止A位断，只能在2位虎补，这样黑可以继续发展下边。

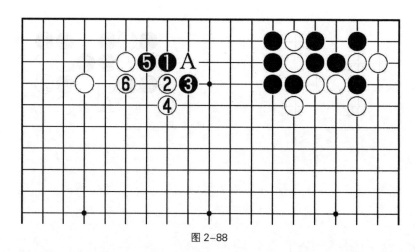

图 2-88

（图2-88）当初白小飞守角是恰当的，根本没必要担心黑在1位开拆。因为白有2位靠的好手，以下至白6大致如此。白不但加强了角部，同时限制了黑棋边上的发展，以后白A位断黑很难受。因此，白棋可以满意。

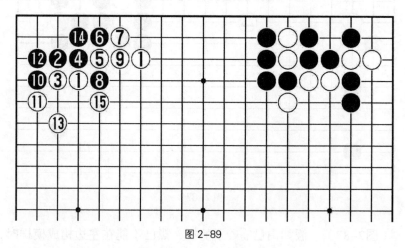

图 2-89

（图2-89）白1大飞守角如何呢？

由于黑棋可以利用右边的厚势，于2位点角，以下至白15是基本定式。黑先手获得角部，而白的厚势与右边黑的厚势相抵，白不能满意。

104

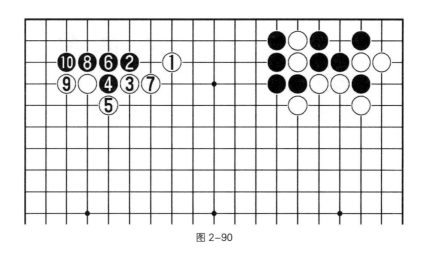

图 2-90

（图2-90）白1如再大一路拆，这样更不好。黑可2位直接打入，以下至黑10止，白大坏。走棋尽量远离对方的厚势，而有厚势的一方，应尽量利用厚势进行打入。

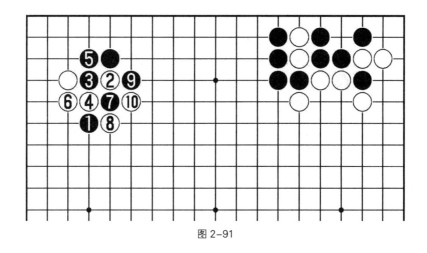

图 2-91

（图2-9）右上角定式告一段落之后，黑于1位大斜飞压。白2压后，黑7打吃时，白8不能在9位长，因为右边有黑的厚势。

以下至白10打吃时——

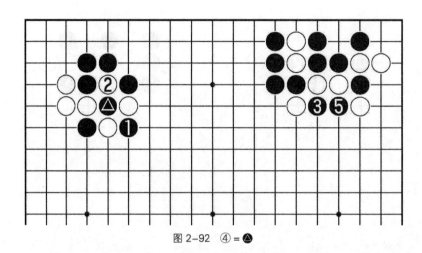

图 2-92　④ = ▲

（图2-92）接前图。黑可利用右上角的劫材，于1位强硬地挑起劫争，因为黑有3位断的绝好劫材，至黑5止，形成了大转换，黑充分可下。

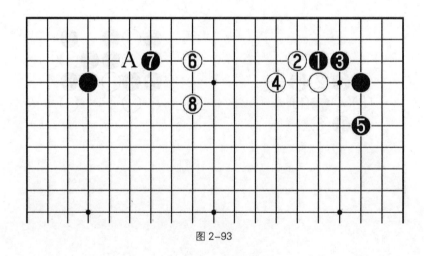

图 2-93

（图2-93）这是有名的定式，其过程是众所周知的。无论是专业棋手之间的对局，还是业余棋手之间的对局，这种下法在实战中是经常出现的。

106

　　黑7逼兼拆，准备对白进行严厉的打入。因此，若无黑7，白A拆二也是绝好点。白棋为了避免黑的打入，于8位跳补是稳健的下法。假如白棋不补，黑打入后会怎么样呢？这是必须弄清楚的定式以后的下法。

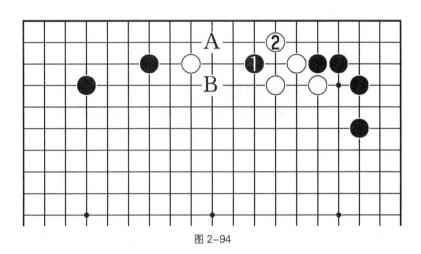

图 2-94

　　（图2-94）黑在1位打入是必然的，对此白2尖也只此一手，绝不能让黑渡过。

　　以后，黑有A位和B位两种选择。

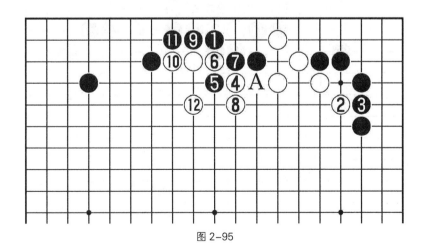

图 2-95

（图2-95）黑1飞时，白2先尖，再4位罩是正确的次序。黑5、7跨断是手筋，以下至白12是基本的定形。黑不能在A位冲断，这是白2先手刺的作用。

黑5如单在9位爬回，则白7位冲。以上结果，双方大致两分。

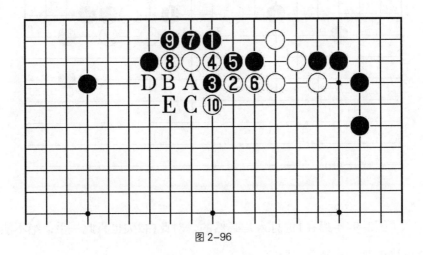

图 2-96

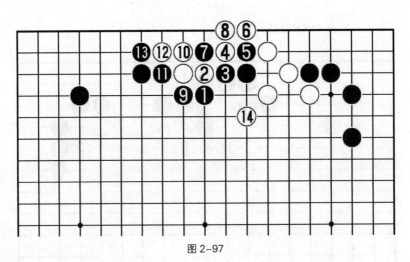

图 2-97

108

（图2-96）白也有单在6位接的下法，以下至白10止，白在此筑起厚势，对白以后在中腹的作战，将发挥积极的作用。以后，黑如A位跑出，白B、黑C、白D。如果白在E位再补一手，外势将更厚。

（图2-97）黑1也有上飞的，它的目的是让白从下边渡过，而在外面构成厚势。

对此，白2、4渡过，黑5冲、再在7位断吃，以下至黑13告一段落。从局部来说，白14尖是好点，相反，黑于14位跳对白进行攻击也是很大的。

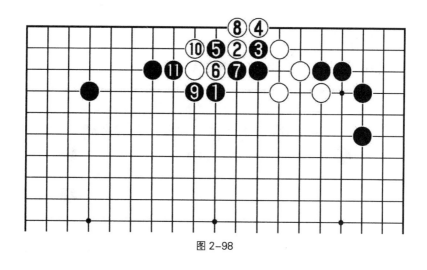

图 2-98

（图2-98）对黑1上飞，白如2位单飞，则黑3先冲再于5位跨，以下至黑11止，其结果与前图一样。

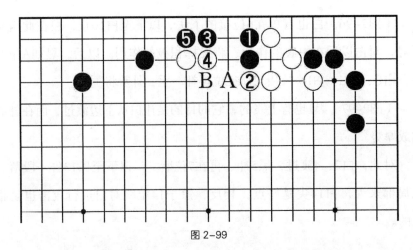

图 2-99

（图2-99）黑如1位挡如何呢？白2压必然，黑3、5渡过，白在外边较厚，黑稍感不满。

黑3如在A位扳，白可B位夹，黑毫无办法。

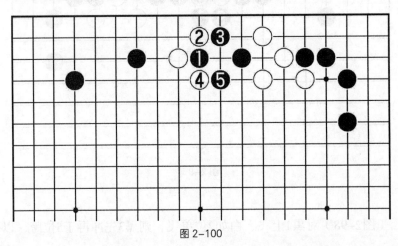

图 2-100

（图2-100）假如黑棋劫材很丰富的话，黑1靠颇为有力，属于非常手段。

白2扳、4位打，黑5有在此做劫的手段。由于黑有很多劫材，白棋左右必然被分断。白应特别注意此变化。

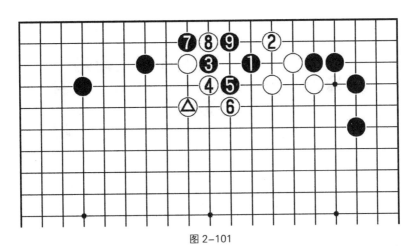

图2-101

（图2-101）即使白有△位的跳，在黑形势不好的情况下，黑的劫材却很有利，黑仍有1位打入的余味，这是很可怕的胜负手。

白4、6虽顽强拼搏，但黑7扳后，白已无法净吃黑棋。白8打吃，黑9强行打劫。

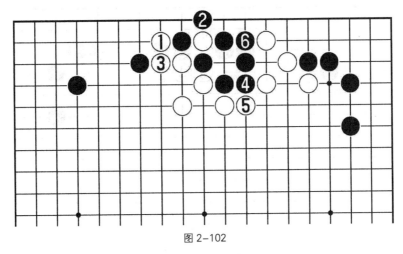

图2-102

（图2-102）接前图。假如白认为劫材不利，采用1位妥协的下法，被黑2提，以下至黑6做活，黑还算是有收获。

因此，要考虑好劫材的数量，没有成算是不能这样下的。

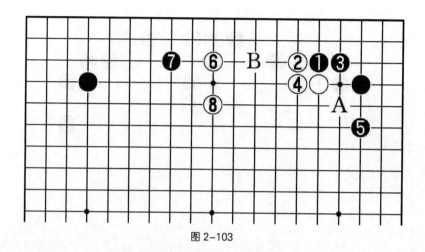

图 2-103

（图2-103）这也是实战中常见的定式。黑5也有在A位小尖的。

与前型白虎的情况一样，黑7拆逼后，同样瞄着B位的打入。为了防止打入，白8跳是必要的。

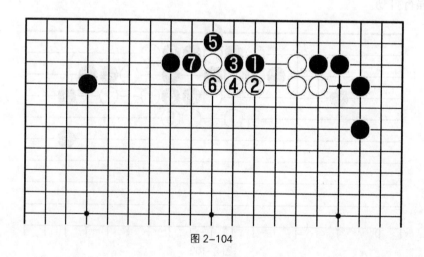

图 2-104

（图2-104）白如果脱先，黑1打入必然，白2压后进行至黑7，黑打入的目的已达到。

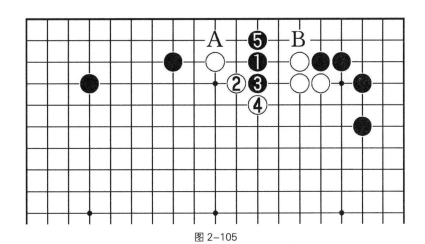

图 2-105

（图2-105）对黑1、白2尖应如何呢？

黑3先冲，然后再在5位立是手筋。由于A位和B位两点渡过成见合，白毫无办法。此结果白外边太薄，显然不好。

这个手筋虽简单，但应该牢记。

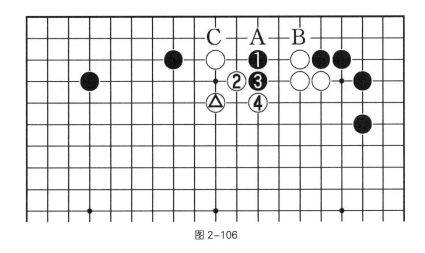

图 2-106

（图2-106）白△跳补后，黑1打时，白2位尖是正确的下法，黑无后续手段。以后，黑如A位立，白可B位阻渡，这时黑C位托已不成立。

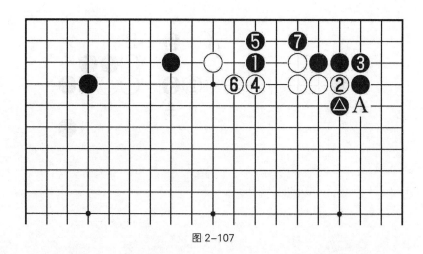

图2-107

（图2-107）黑如果在⊘位尖，黑1打入时，白常常会采用2位先挤入的手法，目的是试问黑的应手。

黑3位接是正确的，白再在4位压，以下至黑7渡过。由于白2与黑3的交换，给黑留下了A位断点的薄味。

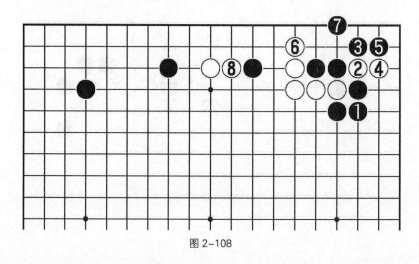

图2-108

（图2-108）黑1接下边是错误的。白2断，好手，以下至白6是绝对先手，然后白再于8位顶，黑的打入彻底失败。

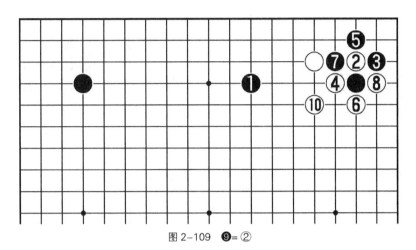

图2-109 ❾=②

（图2-109）黑1二间高夹，白2托角是老定式的下法，现在已很少有人这样下。

以下进行至白10成必然。之后黑应怎样下？千万不要一厢情愿。

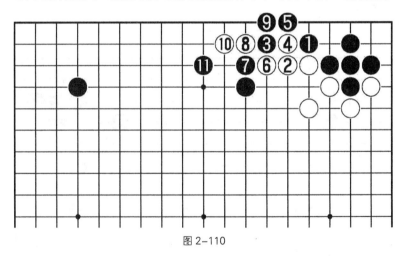

图2-110

（图2-110）黑1扳，白2长时，黑3渡过。这是既坚实又实利很大的下法，而且还继续瞄着攻击白棋。

白4、6、8马上冲断不行，至黑11跳封，白失败。只要左边没有接应的白子，白就不可能切断。黑3后，正常情况下白应拆下边。

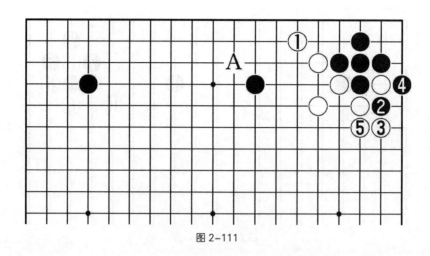

图 2-111

（图2-111）假如前图黑1脱先，则白1尖是好手。

黑2、4吃一子求活没办法，白5接后很厚实，而且还留有A位飞出的手段。

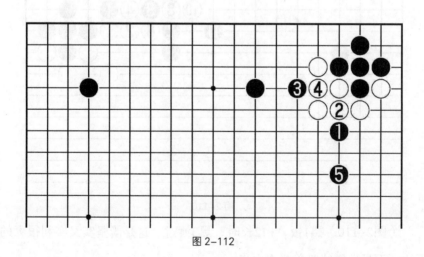

图 2-112

（图2-112）黑不从上边渡，黑1、3在两边刺，再像黑5那样攻击，这是一厢情愿的着法。

当然，如能走成这样黑是有趣的。但是，问题在于白不会老老实实地按黑的意图走。

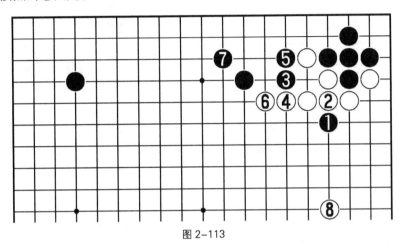

图 2-113

（图2-113）黑1刺，白2粘是必然的。但黑3再刺就不一定是先手了。

白4压，黑5时，白6长是先手，然后再于8位拆回。此结果黑仅仅增加了一点角地，但被白下边开拆，黑棋得不偿失。

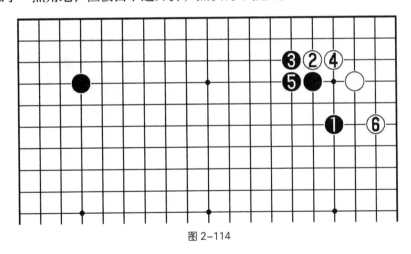

图 2-114

（图2-114）这是高目的基本定式。白6虽可脱先，但白6飞也是一步很大的棋。假如脱先，会怎么样？

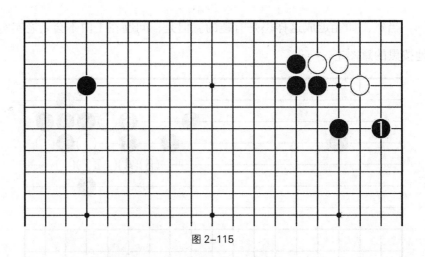

图 2-115

（图2-115）黑1跳如果成为先手的话，将是令人害怕的一手。

白棋如果再脱先，黑是否有严厉的手段？

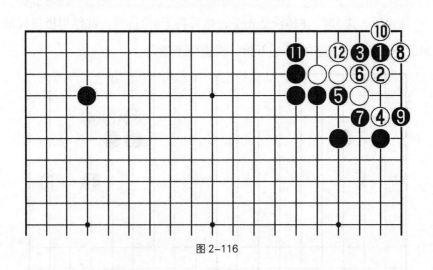

图 2-116

（图2-116）黑1点，是攻击的严厉手法。白2尖，黑3长，白4尖时，黑5挤是好手，以下至白12止，这是双方正常的下法。

白在角上虽可做活，但黑两边得到充分利用，外围颇为厚实。

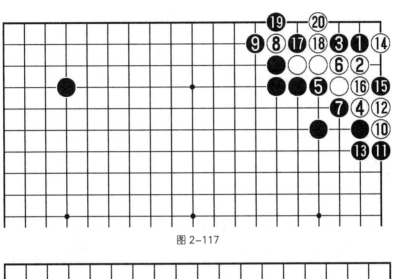

图 2-117

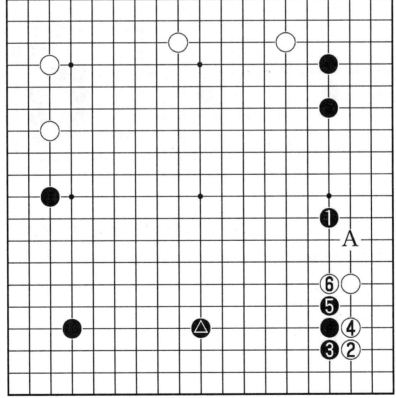

图 2-118

（图2-117）黑7挤时，白8、10两边先手扳一手，以下至白20成必然，白角上目数虽有所增加，但黑在外边更加厚实，白并不占便宜。

（图2-118）这是高手的实战对局。对白挂角，黑1二间高夹，是有黑子时的定式。黑1也可在A位采用一间低夹。

白2点角，黑3挡正确。以下至白6，黑应如何应对？这个定式的次序非常重要。

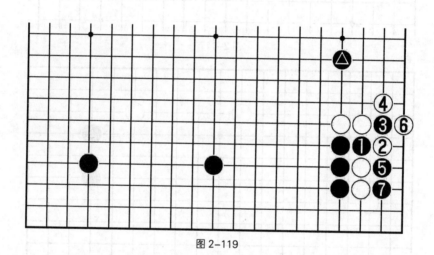

图2-119

（图2-119）黑1冲后，再在3位断则错误。白4、6提吃一子必然，黑7即使得角，但黑△一子效率大减。从全局看，黑不能满意。

这只是根据场合而采用的手段。

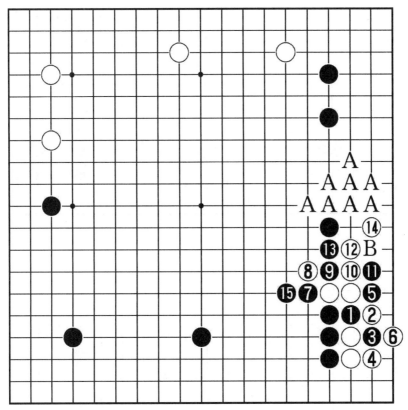

图 2-120

（图2-120）黑于3位断在里边才是方向正确的下法。

白4当然，于是黑5、7打扳。白8时，黑9断、黑11抱打是弃子的手筋。白12只能长，如13位提，被12位滚打就太可怕了。白14尖吃是手筋，至黑15长告一段落。

这一定式令白棋讨厌的是，盘上所有A位之处都是先手利用，黑无论走在哪一点，白都要在B位补。因此，可以说黑的外势相当强。

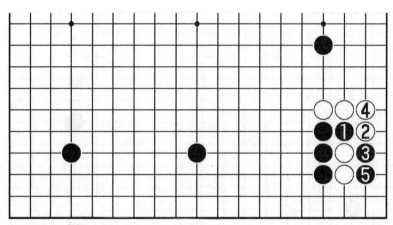

图 2-121

（图2-121）黑3断时，白4粘大恶手，被黑5吃两子后。白棋与提一子相比出入太大，白显然不好。

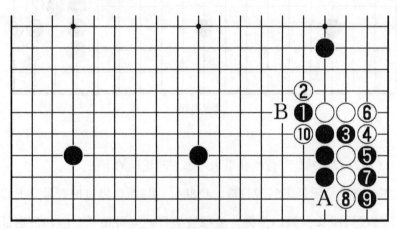

图 2-122

（图2-122）黑1如先扳，则白2扳，已不成定式。

黑3、5冲断，但由于次序有误，白可6位粘，进行转身。黑7只得打，此时已别无他着，但被白8立后，再于10位断，A和B位两点成见合，黑棋崩溃。

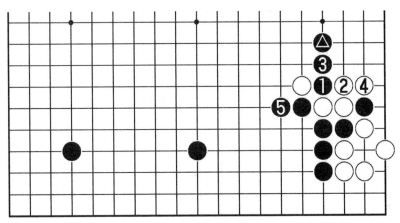

图 2-123

（图2-123）白2曲时，黑3直接粘上不好。因为被白4打吃，黑△这一手棋已失去了作用，而且，白棋也没留下任何余味。

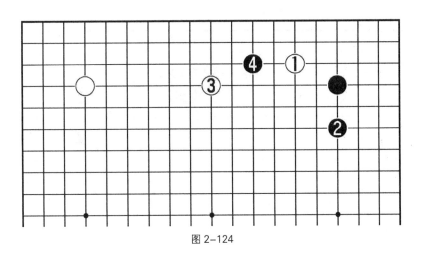

图 2-124

（图2-124）这是实战中常见的型。白1挂角，黑2关应，白3开拆，这是基本定式之一。

黑4打入，必须掌握适当的时机。白3后，黑立即打入，不能认为就是好棋，但是打入的严厉性却是存在的。请把以后的变化搞清楚。

123

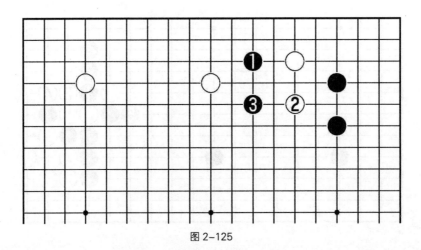

图 2-125

（图2-125）对黑1打，白2跳出无谋。不用说黑3也会跳出，黑充分。

这种下法，白棋未免过于单调。

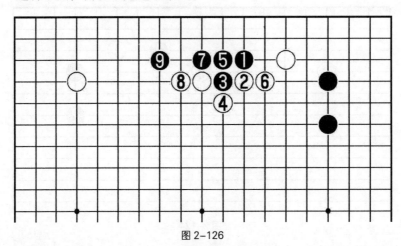

图 2-126

（图2-126）对黑打入，白棋通常在2位压，黑3挖必须具备征子有利的条件。

白4打，以下至黑9跳出，这在实战中能经常见到，黑还是可以满意的。

124

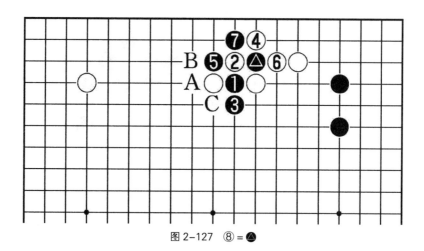

图 2-127　⑧ = ⬤

（图2-127）白如征子有利，前图白4可在本图2位打，黑5、7虽是强手，但如果不能在A位征吃白一子，黑就难以处理了。

以后黑如B位长，则白C位贴，黑苦战。

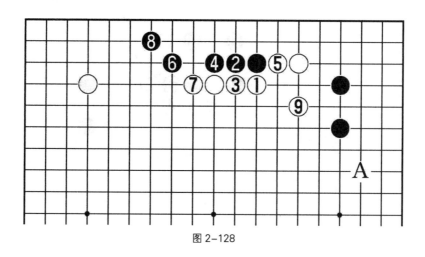

图 2-128

（图2-128）黑征子不利时，黑只能在2位长，以下至黑8成活形。

白9跳补是本手，以后可瞄着上边的黑棋，同时留有A位的挂角。

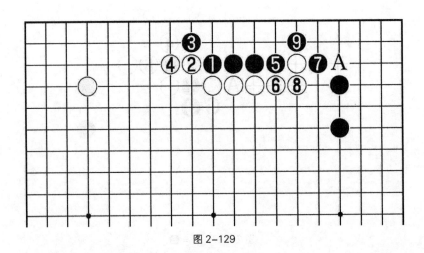

图 2-129

（图2-129）黑1爬时，白2扳，黑可先于3位扳一手，然后黑5、7渡过，至黑9，黑获取实利太大，十分满足。

白2先在A位托是一种新变化，手法相当复杂，在此就不详说了。

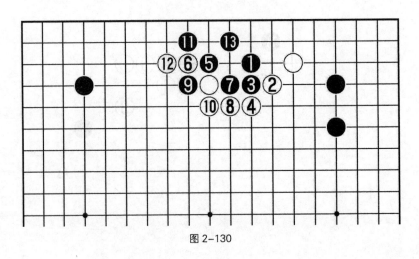

图 2-130

（图2-130）白2小尖也是常法。黑3以下至黑13止虽很干净地做活，但这样一来，周围的白棋变厚了，黑不能满意。

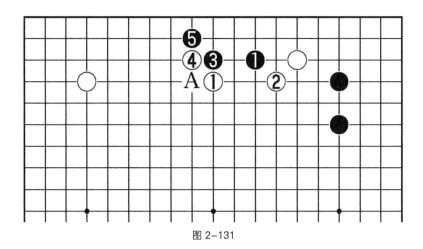

图 2-131

（图2-131）针对白2尖，黑3、5连扳是腾挪的常形。除此之外，黑5也可在A位扭断求腾挪，但要根据周围的情况而定。

第三节　定式中常见的骗着

自古以来就有"不能以骗着为荣"的说法。学习骗着只是用来防身而已，自己不能随便乱用。否则，骗着一旦被识破，施用的人反倒会"搬起石头砸自己的脚"。

确实如此，在定式中就有各种骗着。尽管有所谓骗着这种东西，但正着必定压倒骗着。

本节的目的是让读者学会识破骗着的技巧，避免上当受骗。

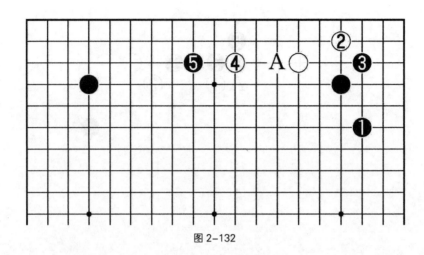

图 2-132

（图2-132）这是实战中最常见的星定式。

黑5拆，确实是一步很大的棋，但对白棋并没有构成威胁，白棋可以脱先他投。

现在的问题是如果黑在A位碰，白将如何应对？

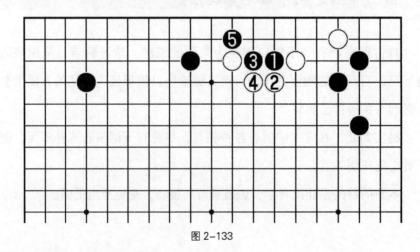

图 2-133

（图2-133）针对黑1碰，白若在2位扳，着法过于简单，黑3、5扳过，白并无后续手段，黑成功。

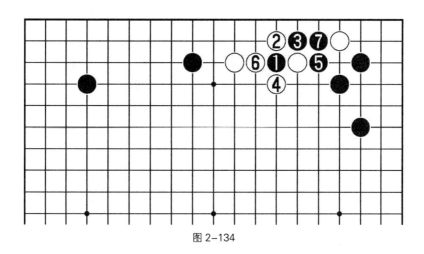

图 2-134

（图2-134）白若2位下扳如何？黑3断，好手，白4打吃，黑5、7吃掉白角上一子很大，黑仍成功。

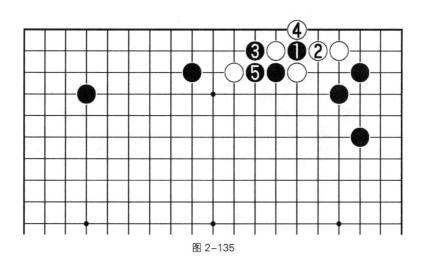

图 2-135

（图2-135）白若改在2位打吃，则黑3、5把外边白子分断，白棋也不能满意。

应注意黑碰的目的，就是把白棋分断。

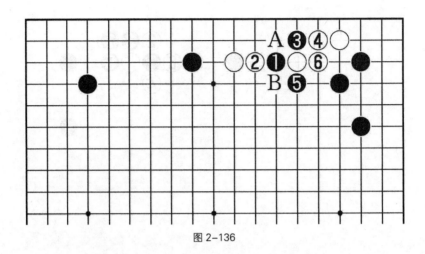

图 2-136

（图2-136）白2顶，是不易被人注意的巧手，仅此一手即可解决难题。

黑3扳，白4顶是关联的好手，至白6接，以后A位和B位两点，白必得其一。至此，黑的意图受挫。

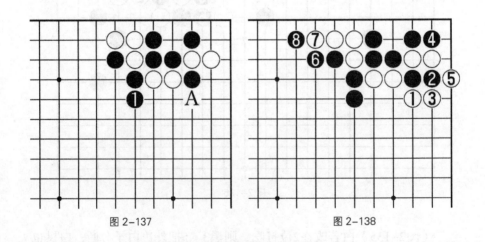

图 2-137   图 2-138

（图2-137）按定式黑应在A位长。现在，黑1突然长中央，企图欺骗下手。这是有趣的骗着。

（图2-138）由于白两子不能被吃，所以白1、3打吃是必然的。但是，黑4爬角打吃时，白怎么下却值得考虑。

白如于5位随手提，黑6、8可把白左边吃掉。黑虽味道不好，但白什么手段也没有。黑的骗着成功了。

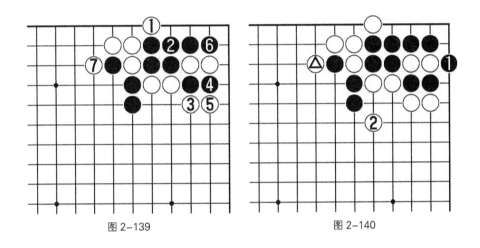

图 2-139　　　　　　　　图 2-140

（图2-139）白1先打是做弃子的打算，以下至白5必然。

黑6打吃时，白不提两子而于7位反打，是冷静的好手，棋理颇为清楚。其实，这个问题并不复杂。但是，在实战中是否能做到这样冷静呢？

（图2-140）接前图。黑1提只能如此，白2跳整形。

这个结果黑虽不坏，但由于白扳起是好点。所以，这种形白充分可下。

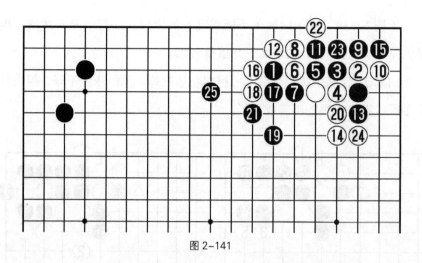

图 2-141

（图2-141）从黑1开始，至白24止，是实战中常见的定式。白12曲必须具备征子有利的条件。

现在，黑25飞，是具有很大风险的骗着，白应采取什么行动呢？

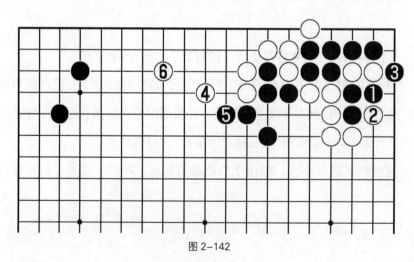

图 2-142

（图2-142）此时，黑在1位打吃是正确的下法。

白2先手打后，再于4位跳出，至白6大致如此。以后黑会在下边进行攻击，从此进入中盘作战。

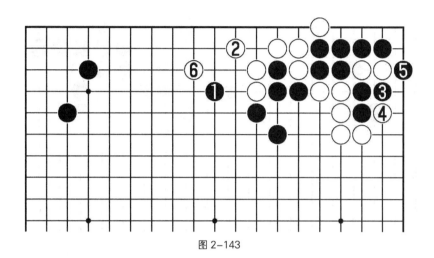

图 2-143

（图2-143）针对黑1飞，白2虎过于软弱，也是无谋的一手。

黑3只能打吃，以下进行至白6，白在上边多少有被便宜之感。

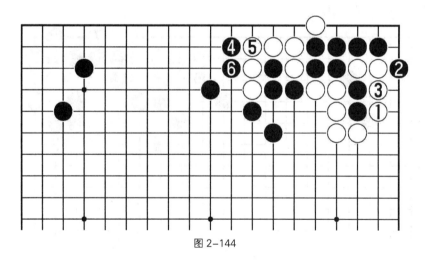

图 2-144

（图2-144）白若在1位打吃又如何呢？

黑可在2位先手打吃，然后再于4位紧气，至黑6后，双方杀气，白凶多吉少。

这个结果是黑所期望的，如此骗着成功。

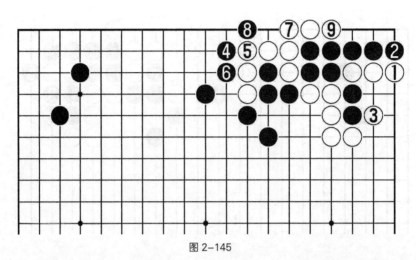

图 2-145

（图2-145）针对黑的骗着，白1立，是此际唯一破黑骗着的巧妙手筋。

黑2挡，白再3位吃两子，黑4、6紧气，白7粘是好手，至白9，黑对杀慢一气被吃，黑失败。

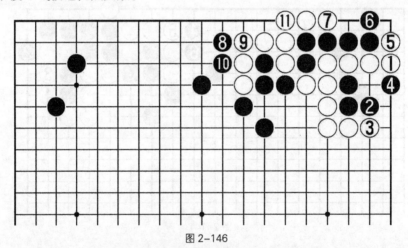

图 2-146

（图2-146）白1立后，黑若2位跑两子，白3先挡再5位拐是好次序，以下至白11止，黑仍慢一气被吃。

由此可以看出，这个棋形黑用骗着代价太大。因此，不能抱任何侥幸心理。

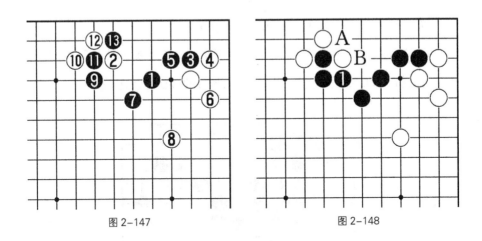

图 2-147　　　　　　　　图 2-148

（图2-147）这也是小目一间低定式。以下至白10双方大致如此，黑11、13冲断是骗着。黑13断，必须具有征子有利的条件。

（图2-148）黑1位拐是本手，白如A位粘，黑B位虎厚实。

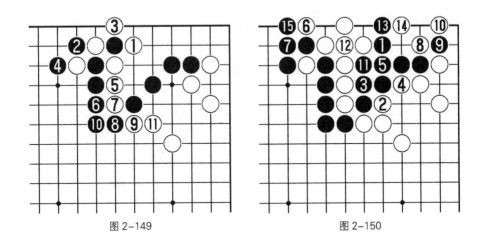

图 2-149　　　　　　　　图 2-150

（图2-149）白1如果打，则形成正面冲突。

黑2、4须以征子有利为前提，否则不能成立。白5、7冲断必然，白9断，黑10粘，白11长后成对杀。

（图2-150）黑若1位顶，则白2、4紧气必然。

白6先手打是次序，然后白8。黑9先断也是长气手筋，以下至黑15成必然，这是打大劫。因为白是后手劫，所以劫材的多少起决定性作用。

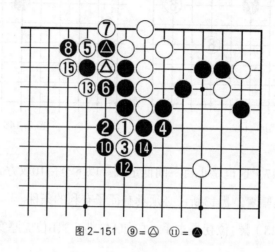

图 2-151　⑨＝△　⑪＝△

（图2-151）白1如果断左边，黑2先打一手，再4位粘。白5、7打渡是强手，黑8打，白9提。以下至黑14提，白上边有所收获，但黑中央形成极厚的形状，好坏将决定于周围的配合。

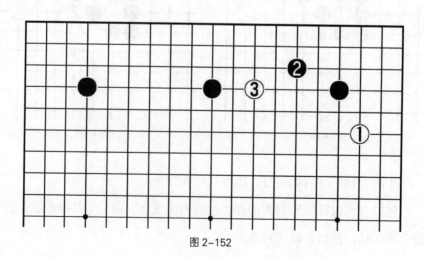

图 2-152

（图2-152）这是让六子以上棋中的常用手段。即使星位有子，黑2小飞应，仍然是十分有力的一手。

白3打入，是让子棋中常见的欺着。黑在此如何应对才好呢?

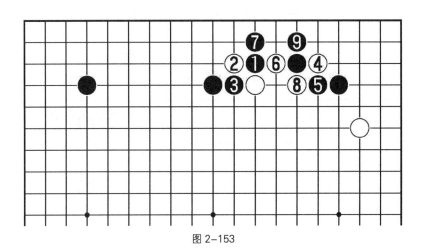

图 2-153

（图2-153）黑1托正是白所期望的一手，目的是想渡过。但白有2位扳后、再4位碰的手筋，以下至黑9，黑出现大麻烦。

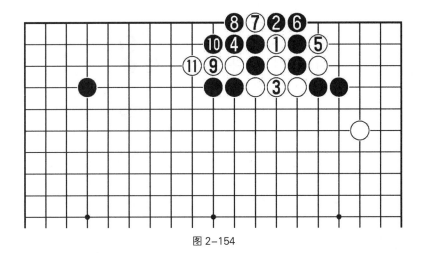

图 2-154

（图2-154）接前图。白1冲必然，至黑4打、白5、7打扑后，再于9位长出黑已很难办。白11长后，黑显然已上当受骗。

黑4如于5位曲，白仍采用同样的方法，黑也不行。

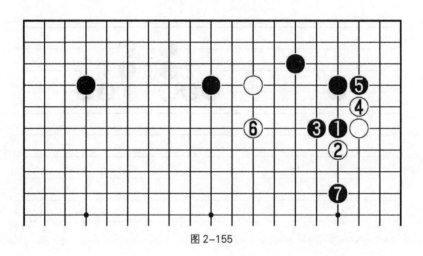

图 2-155

（图2-155）黑采用此着时对白打入不理，而于1位靠压，是声东击西的好战法。

以下至黑7止，可对白两边进行缠绕攻击，黑明显占据主动。

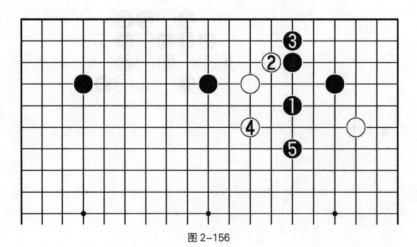

图 2-156

（图2-156）黑1一间跳，也是坚实而有力的一手。

以下至黑5跳出，黑仍掌握全局的主动权。这是一种简明而有效的下法。

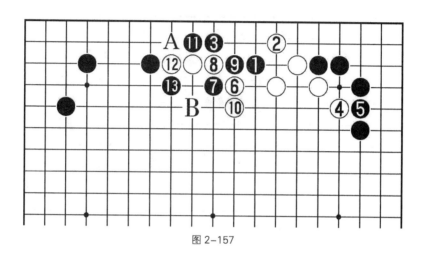

图 2-157

（图2-157）这是实战中经常出现的形。

黑1打入，以下至白12均是正常下法，之后黑一般在A位挡，白B位跳。现在黑13扳，明显带有欺骗色彩，白如何应对呢？

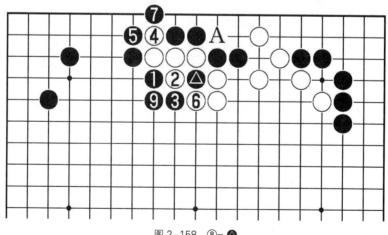

图 2-158 ⑧=▲

（图2-158）白2冲打必然。黑5打时，白6提是正确的下法，以下至黑9，由于以后有A位断的缺陷，黑棋并不充分，而且白棋变成先手。

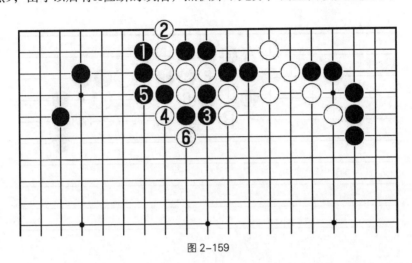

图 2-159

（图2-159）黑1打吃时，白2立下是受骗上当之着。黑如随手在3位接，则白4、6可把黑三子征吃，黑大崩溃。

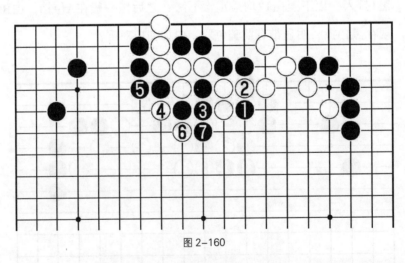

图 2-160

（图2-160）针对白立下，黑1靠是绝妙的手筋，这也是常识性的着法，希望读者能学会运用。

　　白若2位粘，则黑再3位接，白4、6进行征吃时，由于黑1的交换，白已无法成立，白失败。

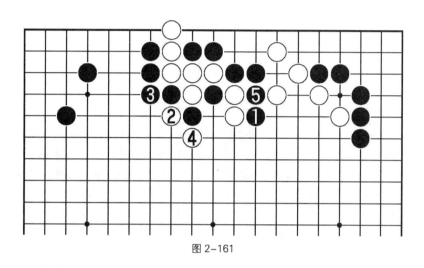

图2-161

　　（图2-161）黑1靠时，白2、4先救活左边，但黑5粘后，白已成裂形，明显失败。

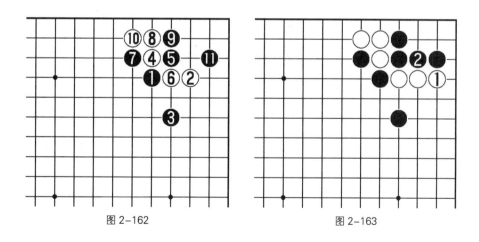

图2-162　　　　　　　　　　图2-163

　　（图2-162）这是高目定式。白4托时，黑5扳，从黑7打到11位跳是骗着。黑5在7位扳是正常下法。

这种形，由于黑即使失败，结果也并不那么坏，所以说它是一种巧妙的骗着。

（图2-163）白若1位挡，着法过于单调，可以说这是一种初级水平的标志。

黑2接上后，白两边难以处理，白不行。

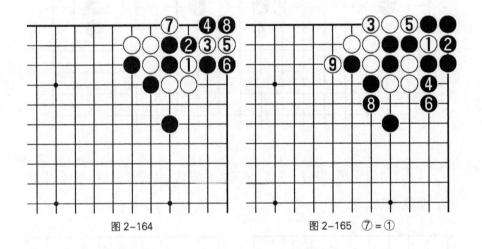

图 2-164　　　　　　　　　　图 2-165　⑦＝①

（图2-164）白1、3冲断是基本手筋，白5立是俗称"大头鬼"的常用手筋。至黑8提成必然。

（图2-165）接前图。白1扑后，再在3位接是关键的次序。黑4只能爬，以下至白7提三子大致如此。黑8退，白9打起告一段落。白虽说不吃亏，但黑也是还可以下的棋形。

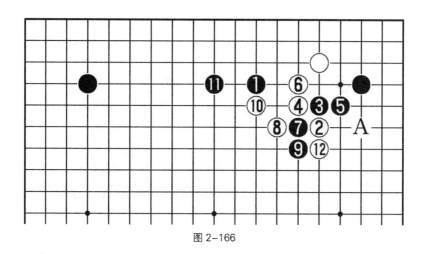

图 2-166

（图2-166）这也是众所周知的定式。黑11跳时，白于A位跳是定式。但是，现在白12蛮不讲理地长出。

当然，如不知道就会上当受骗。黑一旦走错后果就十分严重。

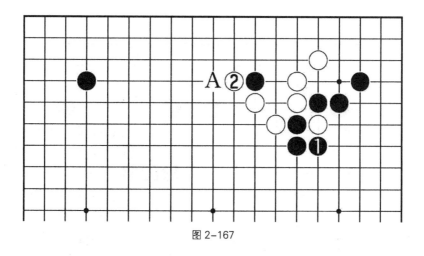

图 2-167

（图2-167）黑1拐吃是稳健的下法，白2扳后形成基本定式。

由于左上角是黑星位，所以黑不愿选择这个定式，而于A位跳出。

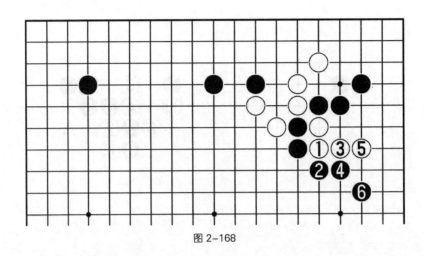

图 2-168

（图2-168）对白1长，黑2扳二子头是当然的。白3没办法只好成愚形。黑4、白5后，黑到了关键时刻。

黑6尖绝妙。表面看这手棋好像很软弱，但正是击中急所的妙招。白已无好应手。

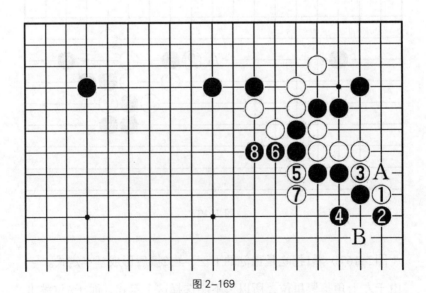

图 2-169

（图2-169）接前图。白1、3顽抗，白5即使切断，至黑8长，白仍一筹莫展。

白3如A位退，则黑B位虎，白也无计可施。

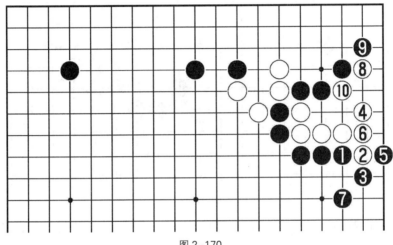

图 2-170

（图2-170）黑如随手在1位挡，则失败。本想用强，相反却进入白的步调。

白2、4扳虎，以下至白8、10，黑反而大败。这样，白骗着获得成功。

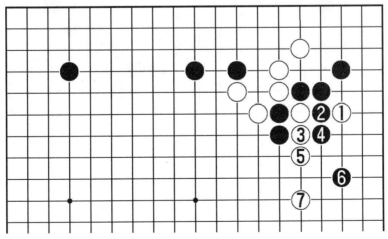

图 2-171

（图2-171）当初，白1跳是正着，黑2、4只能冲出，以下至白7跳出，双方大致如此。

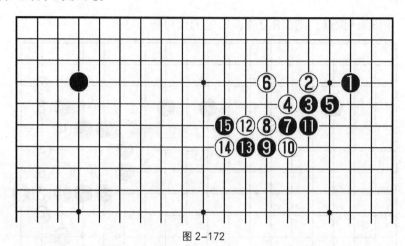

图2-172

（图2-172）黑3靠，以下至白14均是正常下法。现在黑15断，是一步骗着，白如何解决这个问题呢？

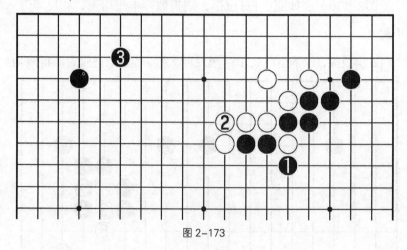

图2-173

（图2-173）黑1吃掉白一子是正确的下法，白2粘必然，这样形成基本定式。

之后，黑3小飞守角，双方大致如此。

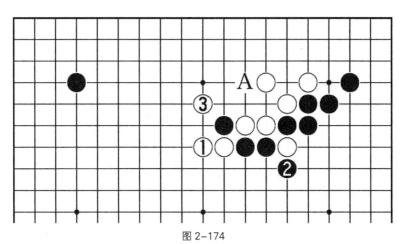

图 2-174

（图2-174）白1长是一般人的第一感，但却是一步错着。

黑2吃一子必然，否则白把黑二子征吃。白3虽可把黑子枷吃，也许读者也认为这样白不是很好吗？其实这种吃法味道很怪，黑有A位靠的手筋，白颇为难受。

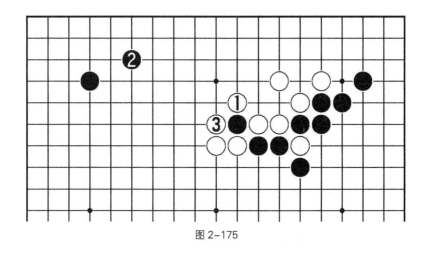

图 2-175

（图2-175）白若1位征吃黑一子，黑可于2位引征，白3后手提一子很难受，这个结果白也不能满意。

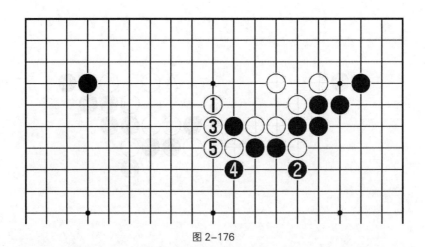

图 2-176

（图2-176）白1单枷是一步巧妙的手筋，一般人很难发现这一手。

黑2只能吃白一子，这时白可3位吃净黑一子，不给黑棋留有任何余味。

以下至白5粘，黑让白棋在上边走得太厚，显然不能令人满意。

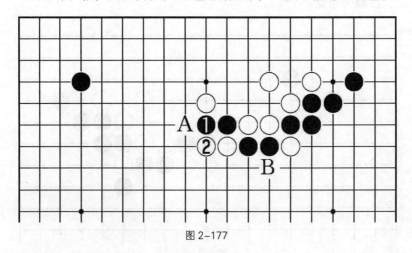

图 2-177

（图2-17）假如黑1强行跑出如何?

白只要简单地在2位压一手，之后，A位和B位两点必得其一，黑显然不行。

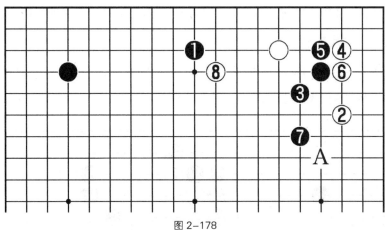

图 2-178

（图2-178）这是让子棋中出现的局面。

当白2双飞燕时，黑3尖出，走法十分简明，受到业余爱好者的好评。此手以后如不出现失误，就是好定式。

白4点角必然，至黑7跳出是好手，白正常应在A位飞出。现白8飞出，是让子棋中的骗着，对黑来说是一个考验。那么，此后的攻防，应如何处理？

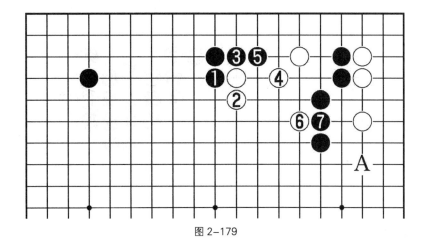

图 2-179

（图2-179）当前，肯定是不能吃住白棋。所以，黑必须进行一连串的猛攻，这是基本要领。

黑1长好手，以下至黑7。黑不仅仍可攻击白棋，而且在左边构成理想形，将来A位飞下也很严厉，黑十分可下。

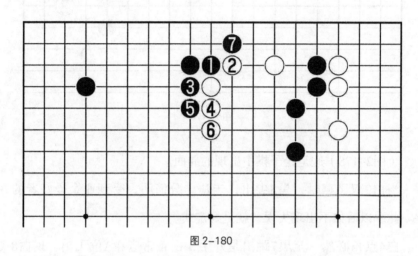

图2-180

（图2-180）黑1爬也是有力的下法。白2扳，黑3、5连续拐两手厚实，然后再于7位扳，白很难应对。这也是简明而有力的下法。

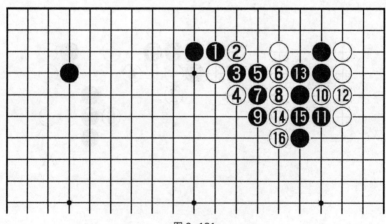

图2-181

（图2-181）白2扳时，黑3断是上当受骗之着。

白4打吃好手，以下至白16冲出是极好的调子，黑两边形状极为难看，黑失败。

这是操之过急导致失败的典型例子。

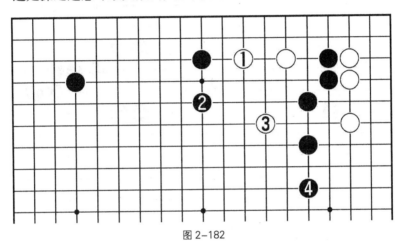

图 2-182

（图2-182）白若1位拆，速度慢且笨重，也属很无理的下法。

黑只要简单地在2位跳出即可，白3飞出，黑4也跳出，白作战肯定处于不利地位。

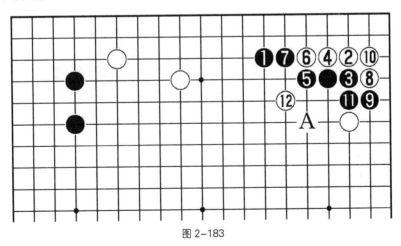

图 2-183

（图2-183）黑1大飞，白2点角必然，以下至黑11形成基本定式。

白12在A位一间跳，是稳妥的下法。但是，在让子棋的情况下，走12位意味着谋求变化，虽有些无理，但此际也是一策。

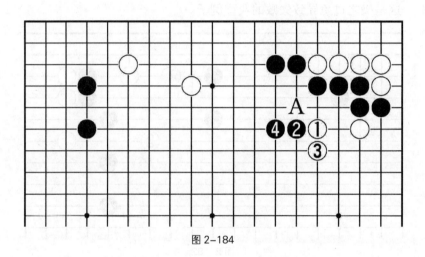

图 2-184

（图2-184）白1位跳是正常下法，对此黑2靠是必然的，否则被白A位尖将难以忍受。白3退，黑4并是好棋，黑充分。

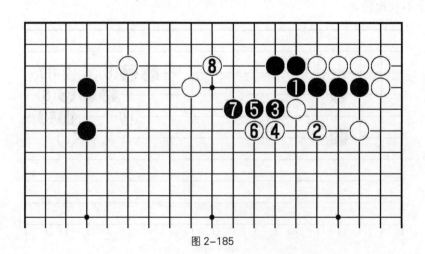

图 2-185

（图2-185）黑1粘，笨重，明显有被欺负之感。

白2尖，黑3只能扳，以下至白8尖补。黑在此构成愚形，显然不好。

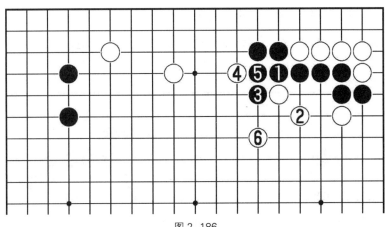

图 2-186

（图2-186）对黑3扳，白也有4位点的强手，让黑5粘后形成大愚形，然后再于6位飞攻，黑仍处于不利地位。

由此可以看出，在让子棋中，黑棋也不能过于软弱，要采取积极主动的下法。

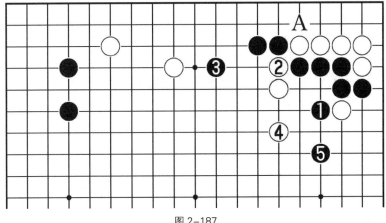

图 2-187

（图2-187）对白的无理手，黑1扳，是当然的反击也是有力的一手。

即使被白2断，由于黑在A位扳是绝对先手，所以完全没有问题。这就是所谓的"即使被断，也不会有损失"。

黑3飞出大致如此，白4跳没办法，黑5顺势补厚右边，黑充分可下。

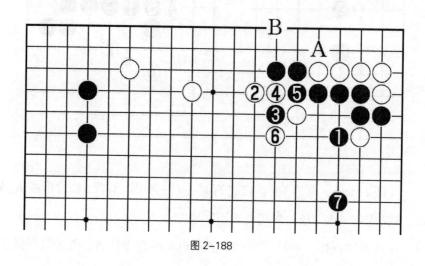

图 2-188

（图2-188）白2飞，黑3先跨一手是好次序。即使白6能征吃黑一子，黑以后仍有引征的各种利用。至黑7拆回，如果构成此局面，黑明显好。

以后，黑A位扳和B位跳的各种利用均是先手，白极为难受。

第三章

定式与全局的关系

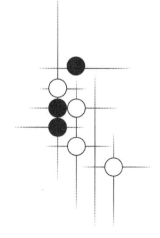

我们已知道，定式就是双方在角部以最合理的着法而形成的互不吃亏的一种局部变化。不过，一局棋中只要出现定式，就不可能只是局部问题而不影响全局。于是当局部构思不利于全局时，就应进行变化。而且在选择定式时，一定要考虑周围的配置情况，随时都要以全局为重。因此，应该特别强调，局部利益必须服从于全局的利益。

（图3-1）大家都知道，必须通观全局选择定式。例如，尽管局部的形正确，但如果与全局不协调，就不能用此定式。

现在，黑1飞，白2托，黑该怎么应？

（图3-2）黑1扳，方向明显错误。白2退，以下至白4飞，角部虽是基本定式，但由于左下角白有⊖子的限制作用发展潜力不大。因此，从全局看，黑不能满意。

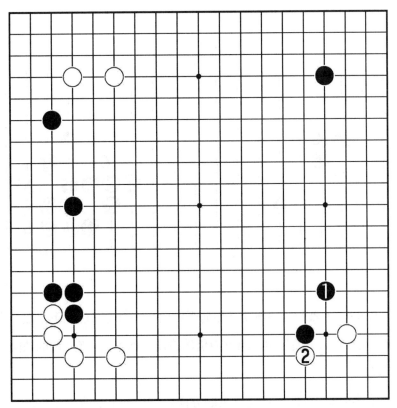

图 3-1

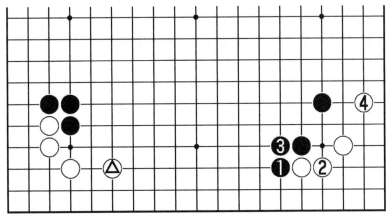

图 3-2

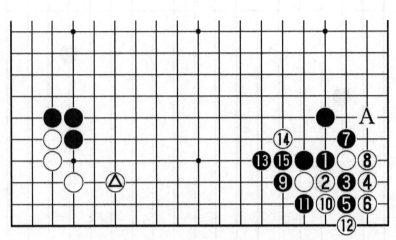

图 3-3

（图3-3）黑若1、3顶断又如何呢？白4、6打吃必然以下至黑15大致如此。由于白△子的作用，黑方向仍然错误，而上边留有A位的缺陷，黑也不好。

所谓定式的方向，就是行棋的方向。左边和上边哪边是重点，要依据棋形判断，须有大局观。如果说由于知道定式，而在棋盘上机械地摆出定式的形，那棋就没有活力了。

为了使棋子生动有力，就必须灵活地运用定式。

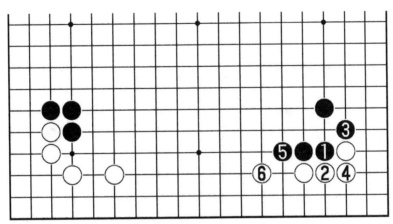

图 3-4

（图3-4）黑1顶后、再于3位虎，是具有全局观念的着法，目的是让白棋去发展左边。

白4粘，黑5长，让白6跳出后，正好与左边白棋碰头，黑大获成功。

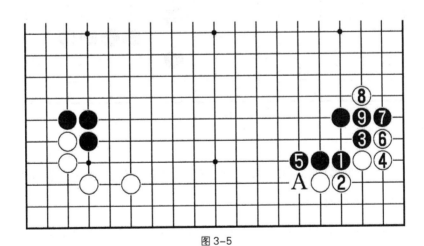

图 3-5

（图3-5）对黑3虎，白4立比前图粘要好。黑5仍然长，以下至黑9成必然，白虽可脱先，但黑A位拐下的价值很大，黑可以满意。

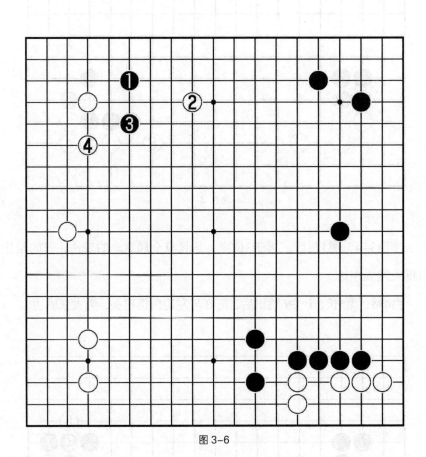

图 3-6

（图3-6）黑1挂，白2二间高夹是众所周知的定式。黑3、白4互跳，黑棋的下一手如何走呢？

着手之前，必须先要考虑要不要照定式下？另外一个重要的问题是黑棋必须考虑右边的大模样。

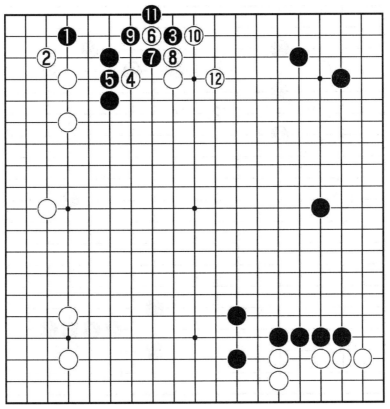

图 3-7

（图3-7）黑1、3两边飞是基本定式，但黑棋子的位置太低，显然和右边的模样相违背。白棋的一子很轻，随时都可以处理。

白4以下至白12止是处理手法的一种，但可以暂时先不走，留待以后机会成熟时再这样下。

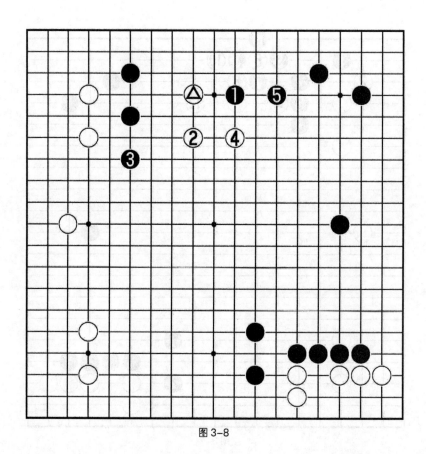

图 3-8

　　（图3-8）黑1反夹是随机应变的好手，不但攻击白◬之子，而且右边形成两翼张开之理想形，是一举两得的好点。

　　白2时，黑3快一路跳出，白棋只好在4位跳，黑5坚实地补一手，且还可继续攻击，黑充分可下。

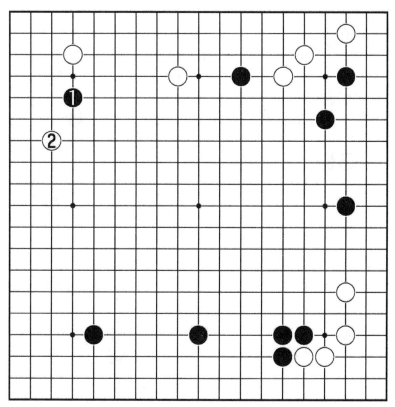

图 3-9

（图3-9）黑1一间高挂时，白2夹后，黑如何选择定式？

从众多定式中选择适合全局布置的定式是此时的关键。下边黑子多，上边白子多；所以，黑棋在上边最好避免与白棋纠缠。

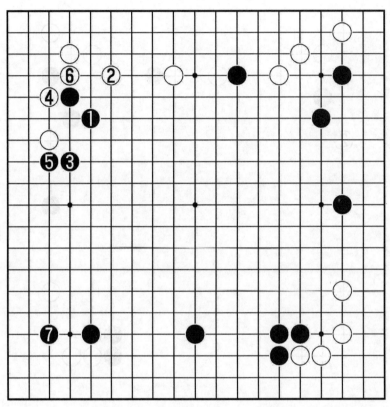

图 3–10

　　（图3–10）黑1尖，目的是轻处理，也有快一点脱离白棋所控制的势
力范围之意。

　　白2飞，则黑3飞压，以下至白6止，局部白稍有利，但黑7守角后，
黑在下边构成理想的大模样，显然黑棋处于有利地位。

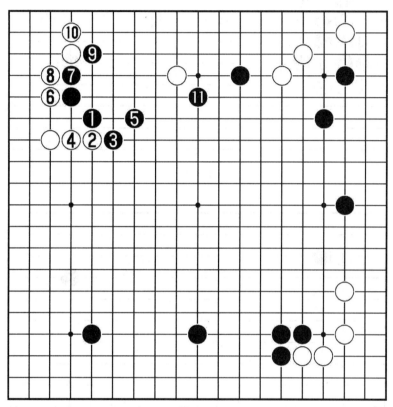

图 3-11

（图3-11）对黑1尖，白如2位靠，黑3扳必然，之后再于5位虎，以
下至白10止。白在左上角虽获实利很大，但被黑11飞封后，从全局看，
仍是黑棋简明易下的局面。

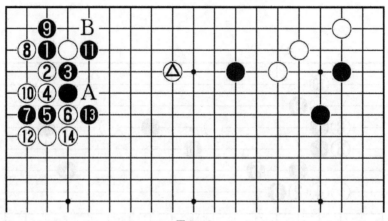

图 3-12

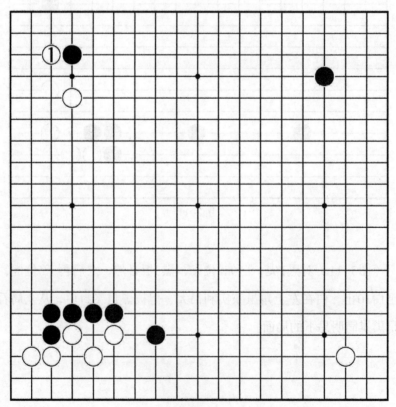

图 3-13

（图3-12）黑1托角，相信会有很多人这样下的。

白2以下至白14止是基本定式，由于黑A位有断点，并无严厉攻击白⚉子的手段，且白在左边形成很厚的形，黑棋不能满意。

白2也可在9位扳，黑2、白B虎，与白⚉一子相配合，这也是可下之形。

（图3-13）白1托角，黑如何应呢？

看一下全局，左下边有黑棋强大势力，黑棋应充分利用并灵活选择下法。

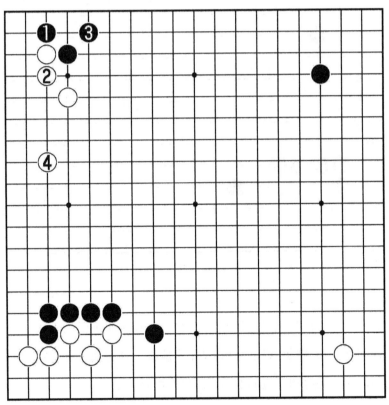

图3-14

（图3-14）黑1、3扳虎是大家所知道的基本定式，但白4拆后，黑棋明显中了白计。白拆后已消弱了黑下边的厚势，黑棋失败。

虽是基本定式，但从全局看反而吃亏，本图是具有代表性的例子。

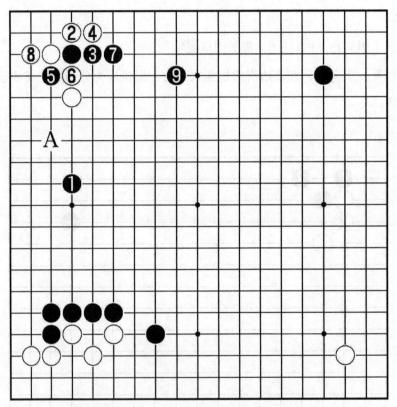

图 3-15

（图3-15）黑利用下边的厚势于1位三间反夹是灵活的下法。

白如2位扳，则黑3以下至黑9是正常应接，这也属一种定式。由于黑棋巧用定式，上边和下边都走到了，自然可以满足。

以后黑A位飞是先手利，所以，白棋不容易侵入左边黑模样。

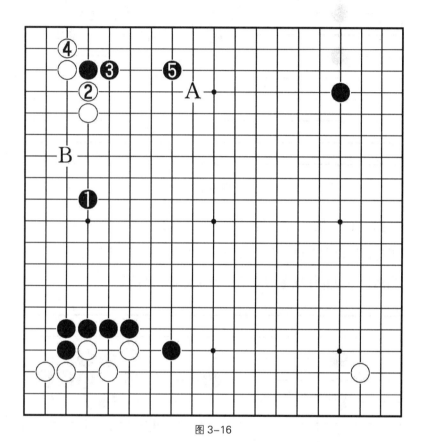

图 3–16

（图3–16）黑1夹时，白2顶，则黑3长、黑5拆二，黑棋同样是两边下到。

次序中，黑5也可在A位高拆，甚至还可考虑直接在B位继续经营左边。

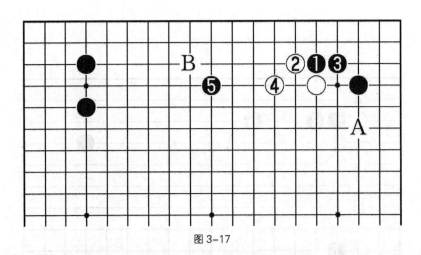

图 3-17

（图3-17）黑1至白4很正常，按定式，黑5应在A位拆一，白B位拆。不过，黑以左上单关角为背景时，也有黑5强烈反击的走法。

当然，白也要仔细考虑应手，否则会陷入苦战。

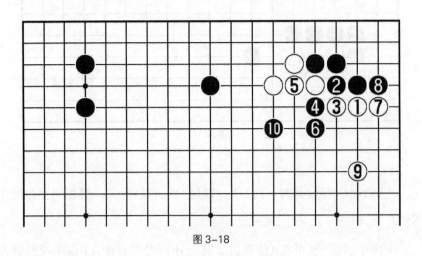

图 3-18

（图3-18）白1靠，挑起战斗。黑2、4反击是必然之着。因为是作战，所以要冒些风险。

白7立，黑8时，白9拆二好手。黑10对白增加压力。

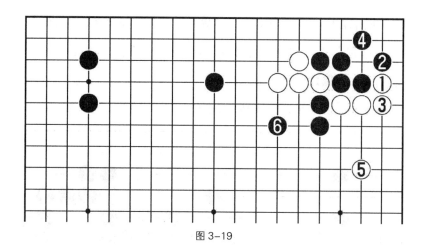

图 3-19

（图3-19）白1、3扳粘，被黑4做眼后，角上余味全消失，而且白5还要拆回，白明显不好。

在以后的战斗中，角上的余味将成为关键，这应该注意。

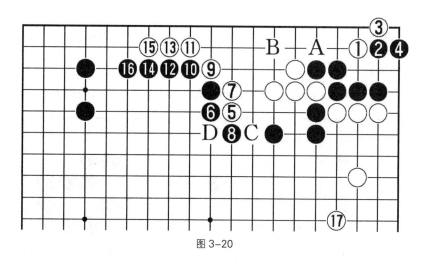

图 3-20

（图3-20）接（图3-18），白1试探应手是次序。黑2靠，白3扳时，黑4只能立。之后，由于A位扳或B位尖均是绝对先手。这是很重要的味道，危急时可帮助白做眼。

白5飞出强手，黑6长正确，白7贴回是好手。如果在C位出头，变得不清楚。这时，黑8只能扳头，白9、11连扳是手筋。因有D位的断点，黑不能用强，故黑12以下只能忍耐。

白争得先手后，于17位飞转向右边，其步调绝好，白可以满意。

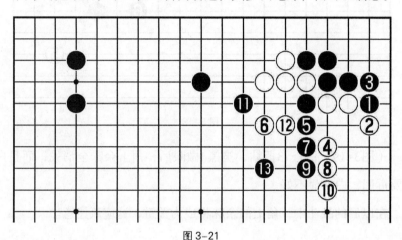

图3-21

（图3-21）黑1先扳也是一策，白2、4扳跳，黑再5位长出，这样角上的味道就干净多了。

白6跳出必然，以下进行至黑13双方大致如此，这样黑棋的调子还可以。

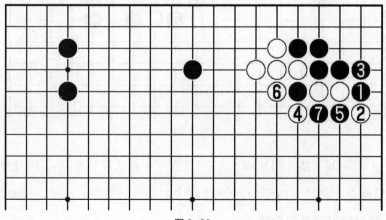

图3-22

（图3-22）黑3粘时，白如4位征吃黑一子，黑可5位断打，以下至黑7打，黑也充分可下。

总之，黑利用左上守角对白进行反夹，是一种定式变着的趣向。

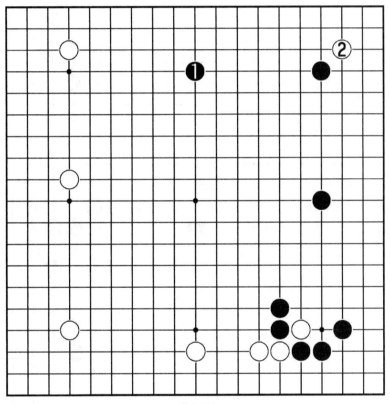

图 3-23

（图3-23）黑1是双方势力消长的中心点，是盘中最大之点。

现白2单枪匹马点三三，这一手在实战中常用。黑应挡哪边呢？这要视上边和右边哪边重要而定。

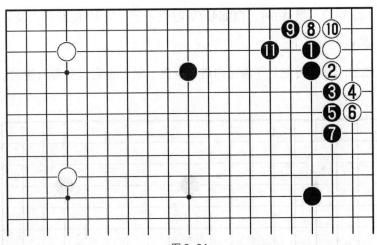

图 3-24

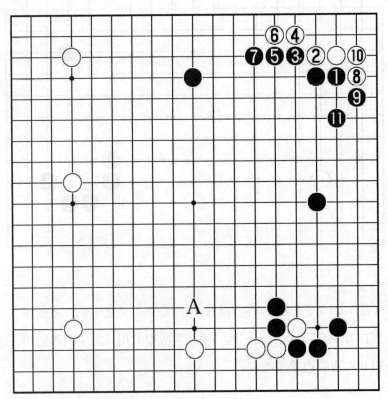

图 3-25

（图3-24）黑1挡的方向明显有误。白2以下至黑11大致如此，由于黑右边是重要的成空地方，而被白棋渗透，失败是显而易见的。

（图3-25）在这样的配置下，应当重视上边还是右边的问题一目了然。

黑1位挡下边方向正确，白2至黑11是定式的下法。黑在右边形成可观的、近于实空的大模样，以后A位的镇是绝好点，黑好。

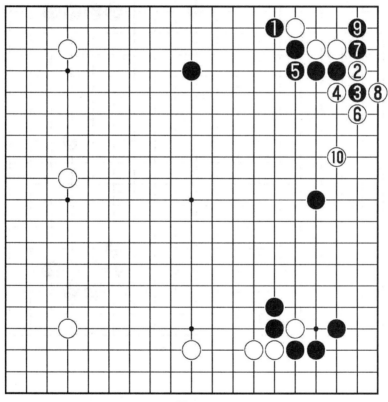

图 3-26

（图3-26）黑若在本图1位连扳虽也是定式的一种下法，但在此场合是不妥当的。

右边是黑模样的重点，这是双方的共识。因此，白理所当然地选择2、4位扳断的定式。黑5粘只此一手，以下白6至10是必然的进行。至此，白成功地破了黑阵。

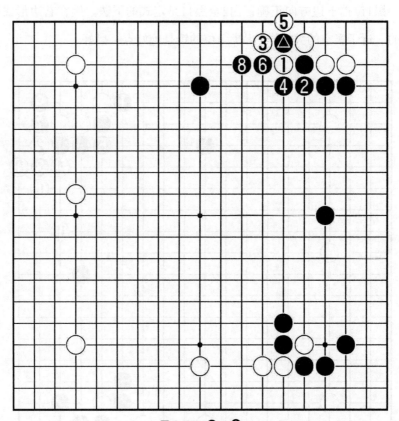

图 3-27 ⑦ = △

（图3-27）此场合，白采用1、3吃掉黑一子的定式不好。

黑4以下至白7粘，定式告一段落。黑8长后，仍形成可观的大模样，白失败。

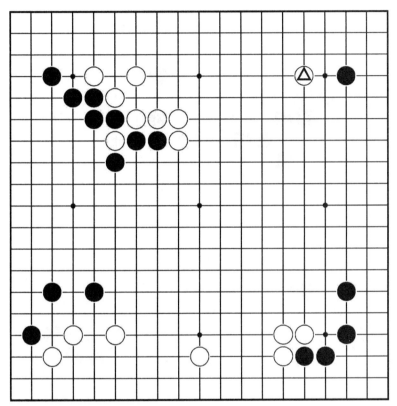

图 3-28

（图3-28）现在，白△一间高挂时，黑如何选择定式呢？
请充分考虑周围的配置情况。

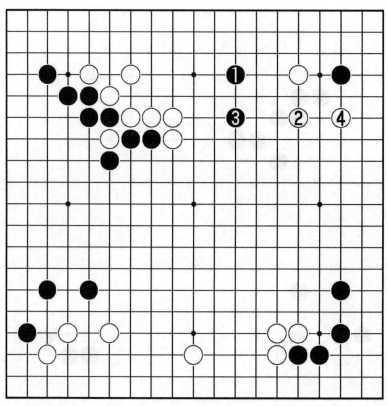

图 3-29

（图3-29）黑1二间高夹，明显过于靠近白左方的厚势。

白2跳时，黑3跳出，被白4将角上一子封住，黑失败。黑3如在4位
跳，则白在3位镇，黑苦战。

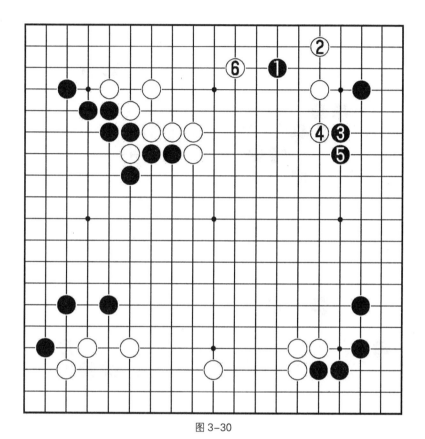

图 3-30

（图3-30）黑1一间低夹，方向同样错误。白2跳下必然，将黑棋彻底地分断。以下进行至白6，黑一子几乎绝望。

白4如果嫌损，可以考虑暂时保留，直接于6位夹攻。

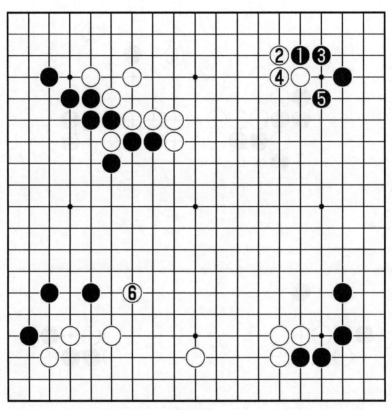

图 3-31

（图3-31）黑1、3托退的下法也不能令人满意，因黑在右上、右下都是低位，配合不好。

黑5虽能尖起，但白此时可脱先。白6从感觉上又走回了绝好点。从棋的节奏来说，就是不能让对手的心情处于愉快的状态。

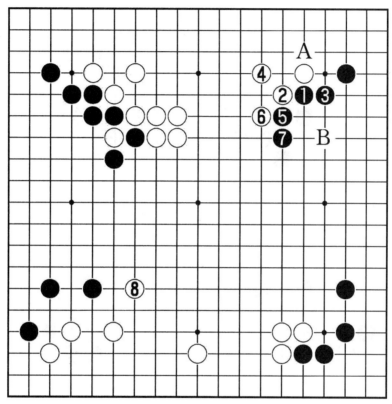

图 3-32

（图3-32）黑1上靠在这个场合同样不好。

黑5如在A位夹也是不好的。现在黑5扳后再7位平凡地退一手，被白8占到要点，上边的白地已得到确定，而右边的黑尚留有B位点的急所，黑也不能满意。

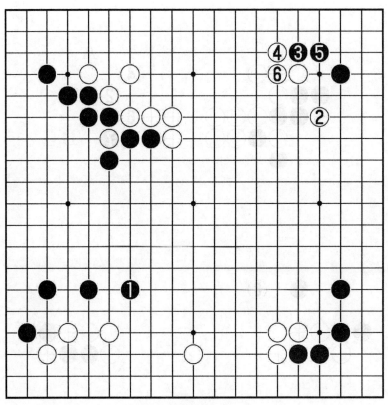

图 3-33

（图3-33）脱先会怎样呢？

黑1的确是好点，然而，白2飞却是更好之点。至白6粘后，白充分。

在这里，黑必须设法先在右上取得先手，然后再抢回1位的好点。

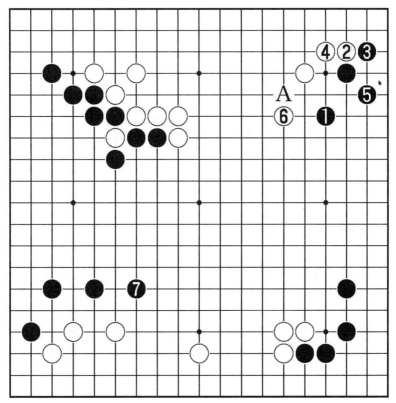

图 3-34

（图3-34）黑选择1位飞的定式，是此际最恰当的着法。

黑1之后有在A位飞压的手段，所以，白2、4托退，然后再6位补，这样白已落了后手，黑方可再回到7位跳，白方的规模较之前图已有所缩小。

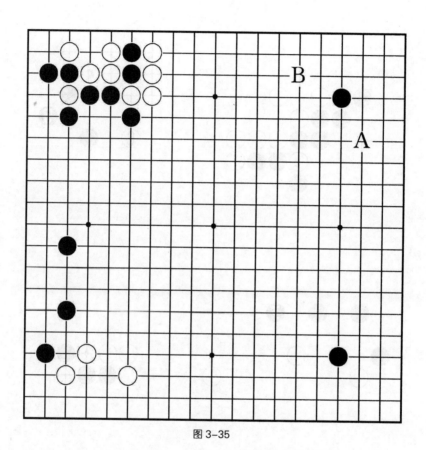

图 3-35

（图3-35）现在，白想在右上挂角，是在A位挂还是在B位挂呢？

左上边的厚势是判断从哪边挂的基点。如白在A位挂则是不想在上边取实地。而挂在B位，则是想把厚势变成实地。

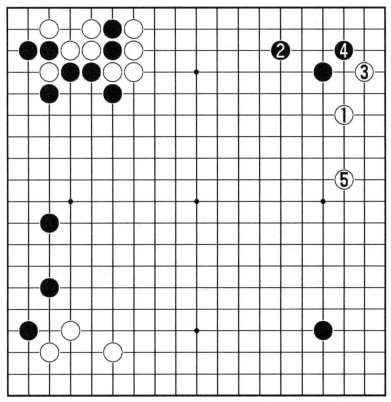

图 3-36

（图3-36）白于1位挂角是正确的行棋方向，以下至白5告一段落。

为什么说选择这个定式是正确的，因为它没有违反"厚势不能围空"这个基本原理，而且还迫使对方向自己的厚势靠近。

以上的棋理，请读者务必牢记。

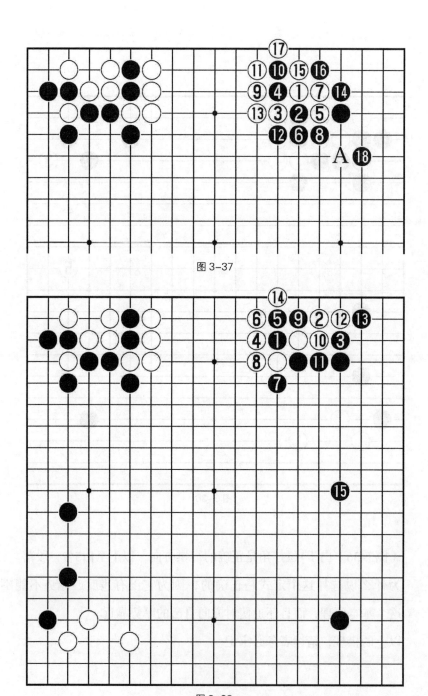

图 3-37

图 3-38

（图3-37）白1挂，方向错误。黑如简单地在A位应就不错，但黑2、4靠断，则是更高级的战术。以下至黑18，都是必然的着法。结果，白棋的两方厚势碰在一起，明显有重复之感，白棋失败。

（图3-38）黑1扭断白棋，其意图在于通过弃子战术，使上边的棋成为凝形。所以，不论白棋怎么下，黑都应遵循这一方针。

白如2位尖，黑3扎钉是漂亮的着法。白4、6欲吃掉黑棋，黑7、9顺势将其弃掉，然后先手抢占黑15的大场。这样，就为中盘的战斗打下了良好的基础，黑十分可下。

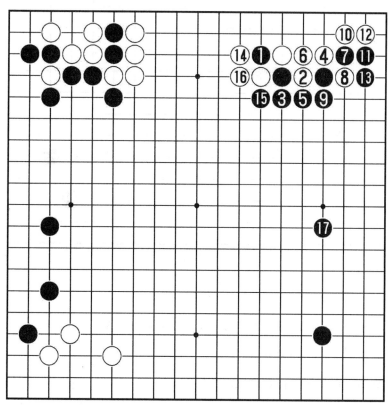

图 3-39

（图3-39）白2、4打扳，黑5、7连扳是有力的下法。

以下至白16，黑仍争到17位拆的绝好点，依然优势。

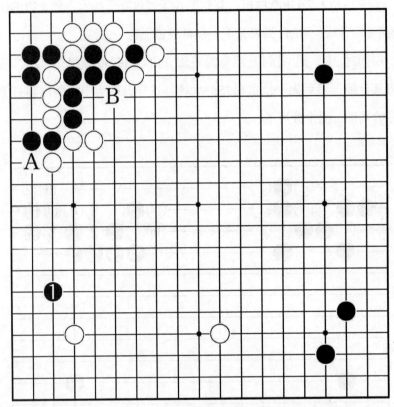

图 3-40

（图3-40）黑1位挂角时，由于白在上边的A位和B位均是先手权利，保留其变化是高级战术。

那么，白棋应如何选择定式呢？

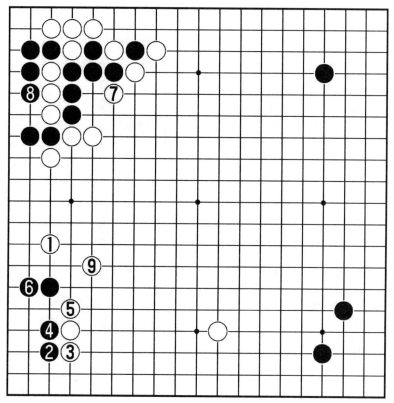

图 3-41

（图3-41）白1夹，一般人都会这样下，以为可以利用上边的厚势，其实这是一步坏棋。

黑2点三三，正中白的意图，以下至白9成必然，白在外边形成可观的大模样，白充分。

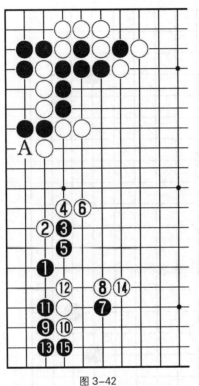

图 3-42

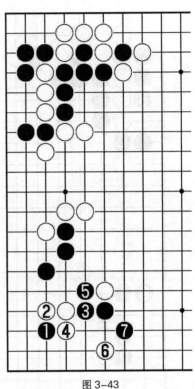

图 3-43

（图3-42）针对白2夹，黑3、5靠退是有力的下法。

白6只得长，于是黑7反夹，形成漂亮的腾挪。白8靠，黑9点角恰到好处，至白12长，黑13立充分，黑15曲后无不满。白在A位挡的价值就变得很小了。

（图3-43）黑1点角，白2挡，则黑3顶。白4拐下，以下至黑7尖，这是黑棋喜欢的形。

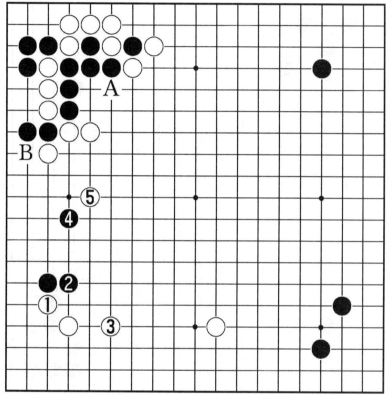

图 3-44

（图3-44）白1尖顶，是此时的最佳选择。

以下至黑4拆，白5继续给黑棋施加压力，以后看时机可选择A位和B位的先手权利，白充分可下。

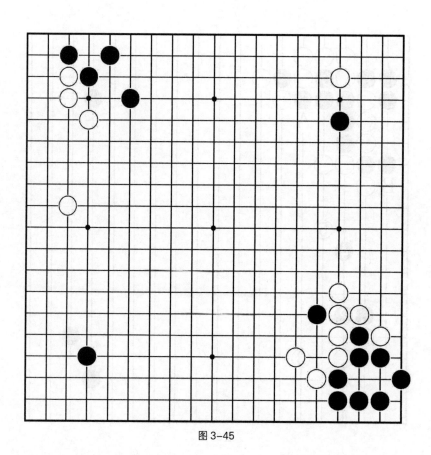

图 3-45

（图3-45）现在该黑棋下，在右上角如何选择定式呢？

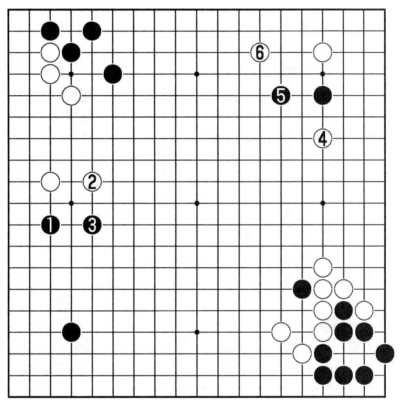

图 3-46

（图3-46）黑棋如果在右上角脱先，而于左边1、3拆跳，固然价值不小，但被白4很严厉地夹攻则很难受，至白6，恐怕不会有人喜欢黑棋这种下法。

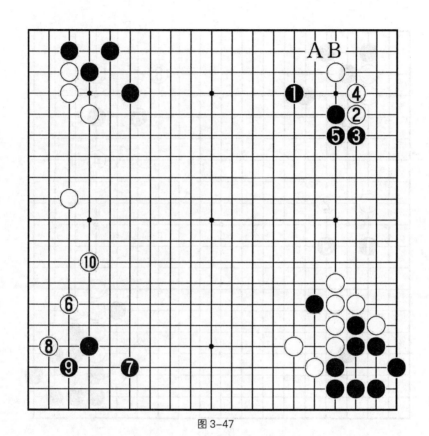

图 3-47

（图3-47）黑1小飞也不好。当白2、4托退后，由于右下有白厚势的作用，黑方的外势得不到发挥。

之后，白可先抢到白6至白10的大场，心情颇为愉快。黑虽有黑A、白B的先手便宜，然而，上边这么广阔的地方是一手很难围住的。

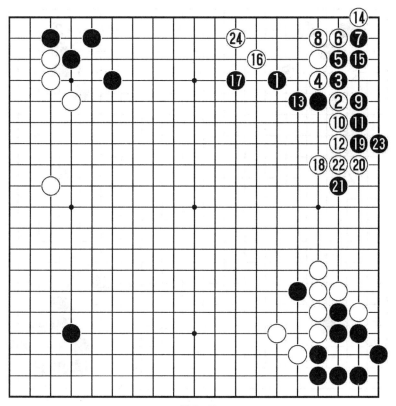

图 3-48

（图3-48）黑1飞罩，再黑3扳下。以下至白24虽是基本定式，但这里的下法，可以说是黑方最坏的选择。

请比较一下黑白双方所得的成果。

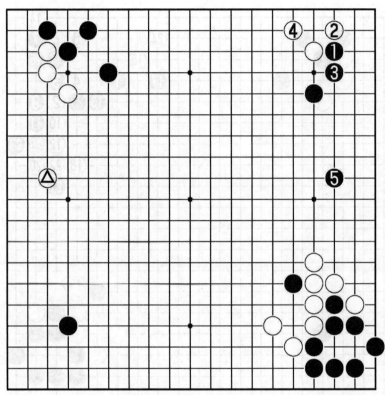

图 3-49

（图3-49）对于黑方来说，这是理想图。

黑1托后，再拆到黑5的绝好点，这个位置正好侵消掉了白方的势力，同左上角是相同的定式。但黑5的价值却超过了白△一子。

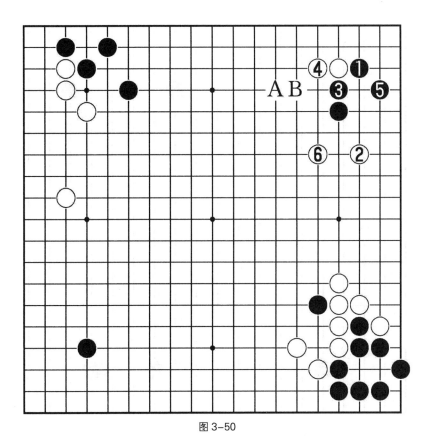

图 3-50

（图3-50）因此，白棋为了不使黑走成理想形，对黑1，白要选择2位从下边紧逼黑棋的下法。

白6之后，黑方会下A位或B位，白虽在右边走到了棋，但黑在上边掌握了主动权。

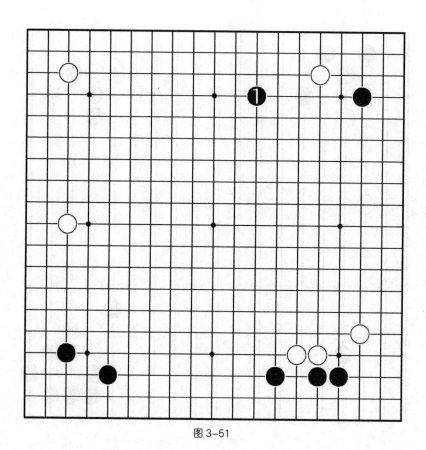

图 3-51

（图3-51）对黑1二间高夹，白如何选择定式呢？

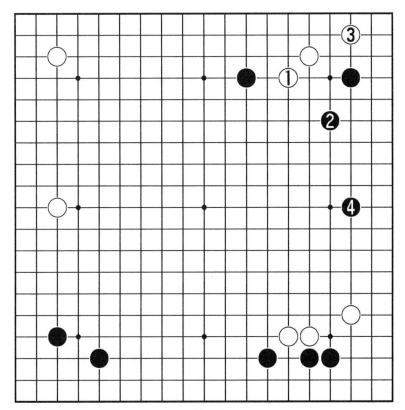

图 3-52

（图3-52）白在1位尖，以白方立场而言，这手棋明显有误。

右下边有白方势力，怎样限制白下边势力是黑方当务之急。因此，白3小飞进角，黑4拆恰到好处，既抢到了大场又限制了右下白势的发展，白失败。

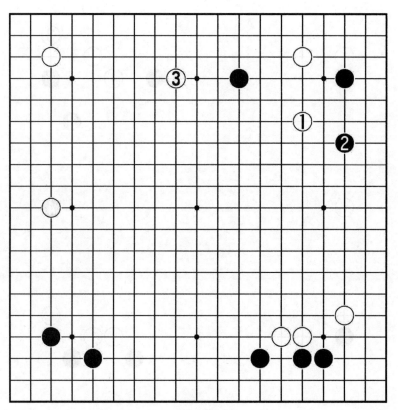

图 3-53

（图2-53）白1跳出，黑2拆后，右下边的白子配置仍欠佳。

白3虽在上边形势较好，但黑并不害怕，白棋还是不能满意。

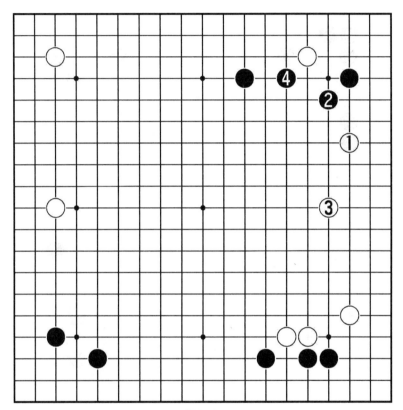

图 3-54

（图3-54）通观全局，白应注重发展右边的势力才是正确的构思。

白1反夹是必然的一手。黑2尖，白3开拆，白在右边形成了理想形。为顾全右下白棋的子效，白1、3是唯一的下法。之后，即使白一子被黑4封锁也在所不惜。

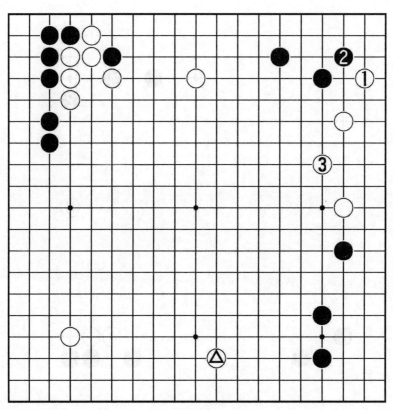

图 3-55

（图3-55）白1飞角后，再于3位补一手构成理想形。

现在，黑棋的视线应该集中在下边。必须要注意白△子的位置，采取积极的行动以获得主动权。

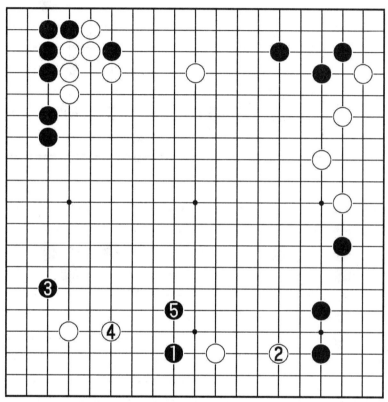

图 3-56

（图2-56）在序盘阶级一有机会就进行战斗是近代围棋的特色。

黑1打入是一种积极的态度，白棋只好在2位拆，然后再黑3挂，白4应时，黑棋顺势在5位跳出。这是有魄力的下法。

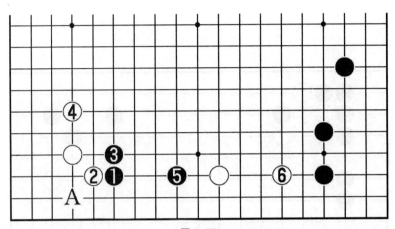

图 3-57

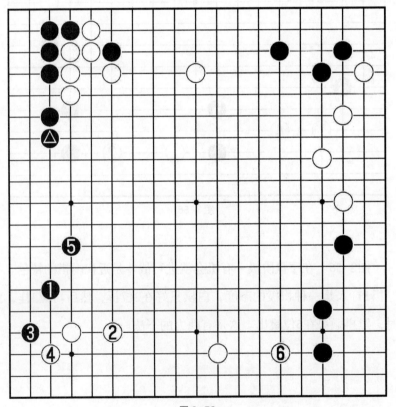

图 3-58

（图3-57）黑1挂角虽是常识，但略显平凡。白2尖顶必然，防止黑A位进角。然后白4跳，让黑棋不得不5位狭拆。

至白6止，虽然不能说黑棋不好，但与前图相比，黑棋的魄力稍显不足。

（图3-58）黑1若从上边挂角，是遵从"从广阔的方向挂为宜"的原则，但未免过于教条。

白2跳正常，下边白阵自然强化。黑棋只好走3、5位安定，但由于上边黑▲子的关系，黑没有多大的发展潜力，且白6占据最后的关键性大场，黑棋失去双方必争之点，白棋有利。

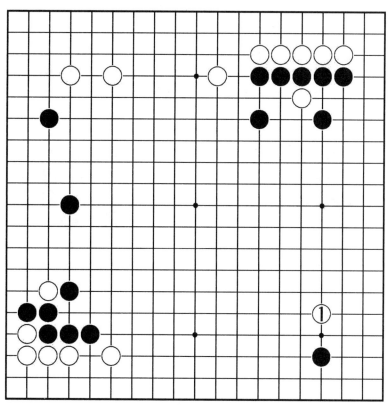

图3-59

（图3-59）此场合，选择定式的着眼点在于上边黑的厚势。应充分发挥其作用。

那么，对待白1挂角，黑如何选择定式呢？

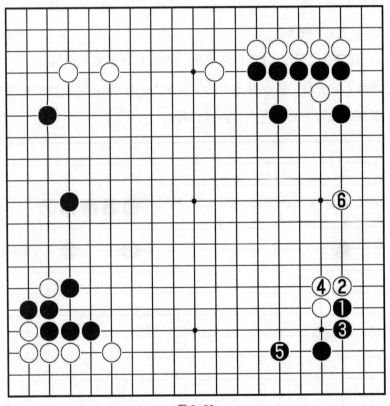

图 3-60

（图3-60）黑1托、3退，选择此定式明显错误。右上一带黑已形成较强厚势并还在扩展。因此，白4接，再在6位开拆是考虑到黑右上边的厚势的正确下法。至此，黑厚势得不到发挥，黑失败。

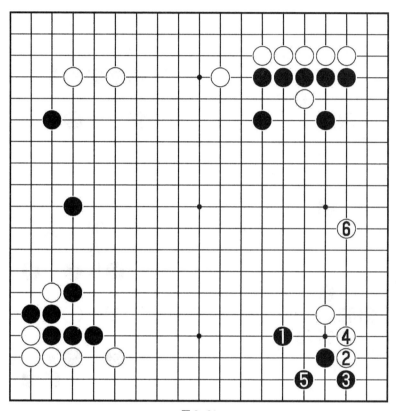

图 3-61

（图3-61）黑若1位飞又如何呢？白2托、白4退，然后白6趁机抢到
绝好点，削弱了黑在右上边的厚势。黑方运用定式仍不当。

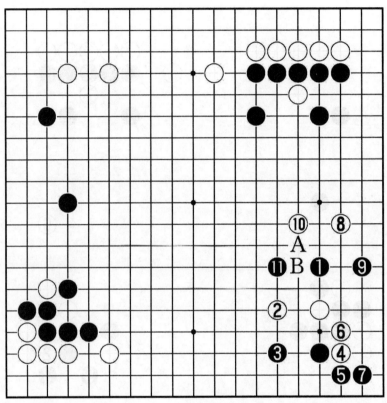

图 3-62

（图3-62）此场合，选择定式的着眼点必须充分发挥黑上边厚势的作用。

因此，黑1夹是唯一的一着。白2跳，黑3应在进攻白两子的同时，顺势将右边变为实地。白4、6托退后，再于8位反夹明显无理。黑9跳，果断地将白棋分断，以下进行至黑11跳出，黑作战肯定有利。白10若在A位飞封，黑在B位冲，白无理。

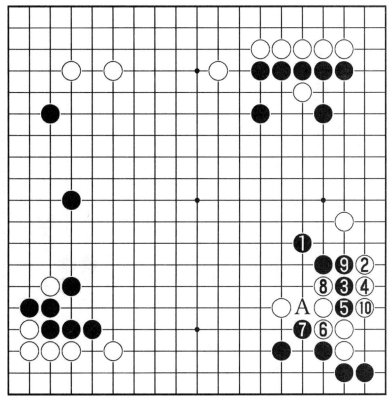

图 3-63

（图3-63）黑1尖虽是定式下法，但过于教条。

白2飞渡是好手，黑3、5企图阻止白棋通连，但这是黑的错觉。当白
6、黑7之后，白8先挤是绝好的手筋。黑不得已只能在9位接，被白心满
意足地于10位连通，黑棋彻底失败。

白8若单在10位渡，黑可于A位冲断白一子。

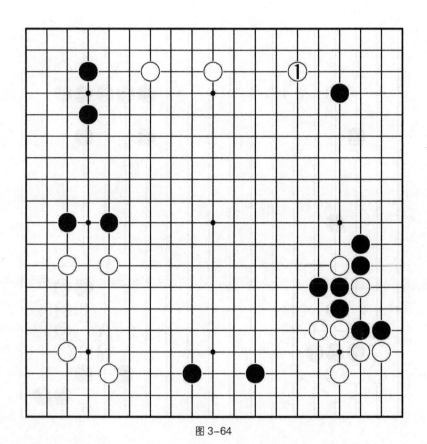

图 3-64

　　（图3-64）现在，白1挂角，黑如何选择定式呢？请充分考虑下边的厚势。

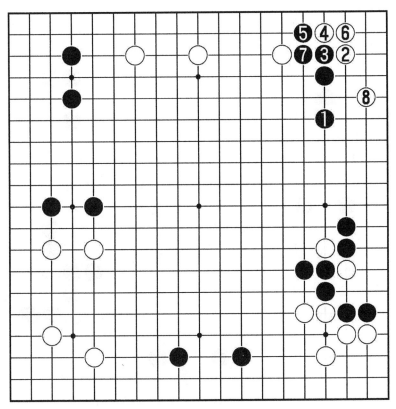

图 3-65

（图3-65）黑1的单关过于稳重。在没有其他要点的情况时，白2马上点角很严厉，黑5、7扳下即使将白分断，对上边的白棋仍没有有效的攻击手段。

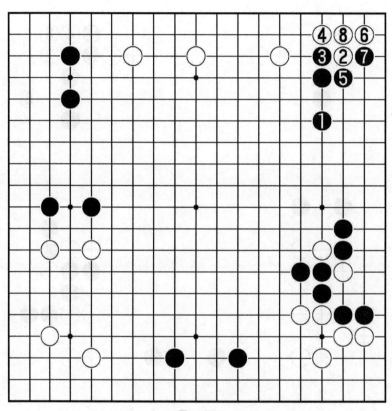

图 3-66

（图3-66）既然扳下分断没有好结果，那么黑5挡让白渡过。

至白8，黑虽得到先手，但白在角上获得了相当的实利。以此为代价，黑总有不充分的感觉。

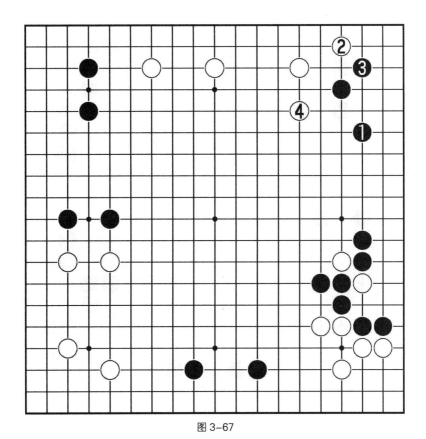

图 3-67

（图3-67）黑1小飞太软弱了，而且过于靠近己方的厚势。

因为对手的棋势很强，好像从最初的想法中就有退让的感觉。白2、4趁势最大限度地扩张，黑仍不能满意。

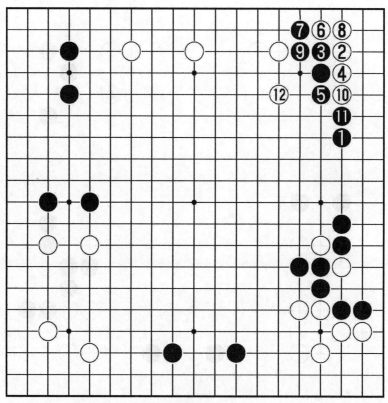

图 3-68

（图3-68）黑1如大飞，仍过于靠近下方坚实的黑阵，只此一点就是恶手。

白2立即点入三三，让黑方的外势不能很好地发挥。以下至白12跳出，与前图一样，都是黑棋最坏的选择。

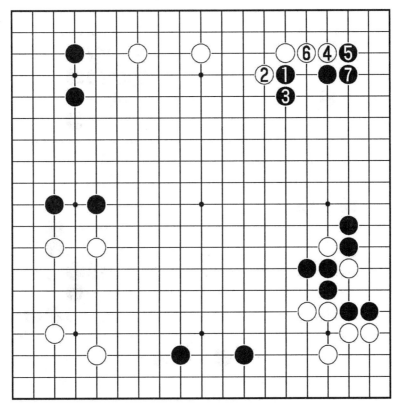

图 3-69

（图3-69）黑1、3压长的下法还是可行的。

对上边的白棋已很难进行攻击，可让其更加坚固，这是这一想法的中心思想。白4托角，以下至黑7接，由于白方的棋形过于完整，已没有什么弱点。因此，本图的结果还不能说黑棋已满意了。

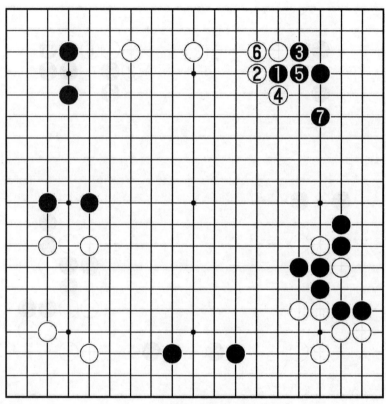

图 3-70

（图3-70）黑1先压，再3位虎，是此际十全十美的下法。

以下至黑7大致如此，同前图相比，黑实空多了许多，而白方的棋形却成了凝形。

如图这样的下法，在不怕对方左边巩固时常常使用。

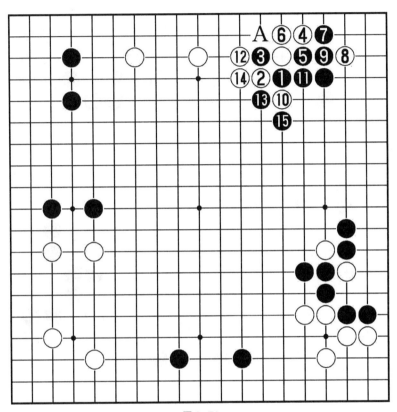

图 3-71

（图3-71）黑1、3压断也是想让白走成凝形的下法，结果如何呢？

白4小尖好手，黑5已不能在9位扎钉，此时白可于A位打吃。所以黑5只能俗打，以下至白14止，黑15只能补。白棋的形确实更加重复了，然而被白8先手便宜的心情不好，总觉得黑地中留下了余味。还是不如前图干净利索。

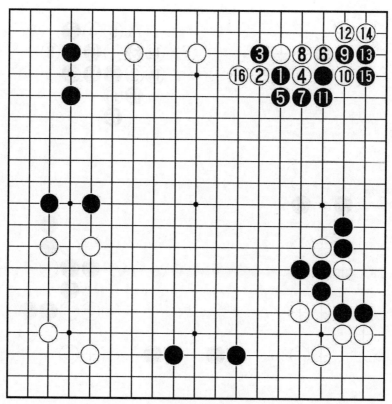

图 3-72

（图3-72）白方走4位挖打的俗手，将角空彻底地掏空。

以下进行至白16双方大致如此，黑方获得了相当的实地，而白地也大幅度地增长。所以，本图可以说是大体相当的结果。

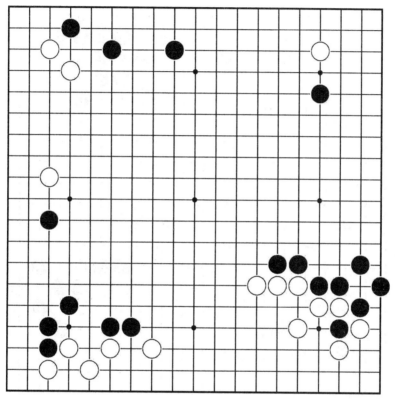

图 3-73

（图3-73）现在的焦点是，黑棋在右上角如何选择定式？

首先，必须要考虑两边的配置情况，特别是下边的强大厚势。

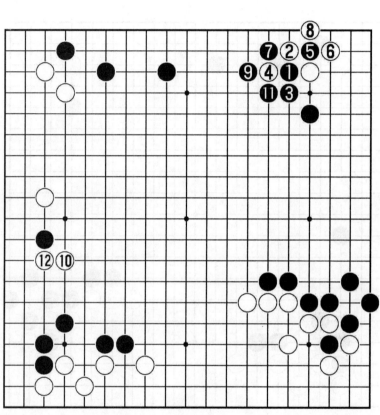

图 3-74

（图3-74）黑1外靠之后再5位内断是最乏味的。

以下至黑9征吃，白可在10位引征，黑顿感难办。黑11提掉之后的厚味同左上低位的定式相对更显无趣。

相反，左下被白12冲下，黑形崩溃，彻底失败。

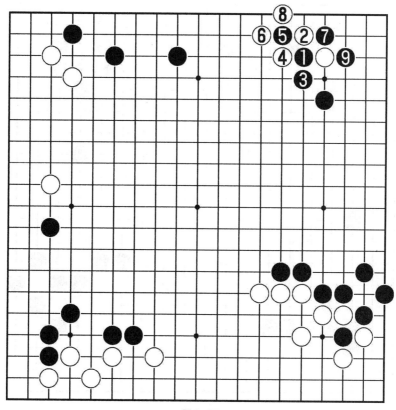

图 3-75

（图3-75）因此，白4扳的时候，黑5应从外边断。至黑9时，白方虽拔掉了一子，但受到左上黑低位的限制，白棋不能满意。

与白相比，右边黑的模样相当不错，很有发展潜力。

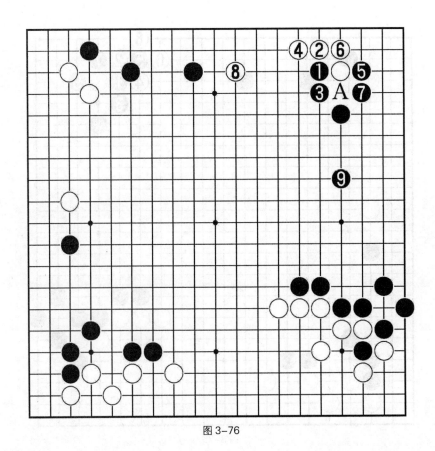

图 3-76

（图3-76）黑1、3靠退之后，白也有4位长的下法。以下至白8止，因为有A位的弱点，黑大致要在9位补一手。这里也不会形成太大的实地，白方要耐心等待以后的战机。

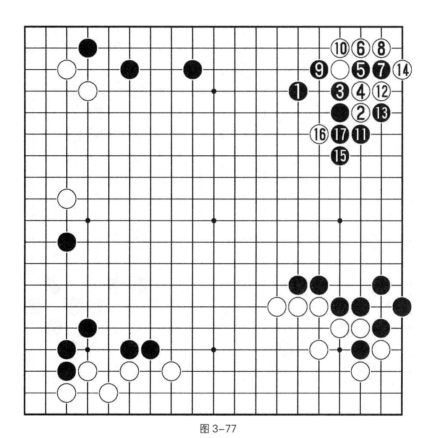

图 3-77

（图3-77）黑1飞也可以考虑。但被白2、4走基本定式，至黑17止，黑方并不充分。

同右边较强的势力相配合，幅度过于狭小，而上边还漏着风。

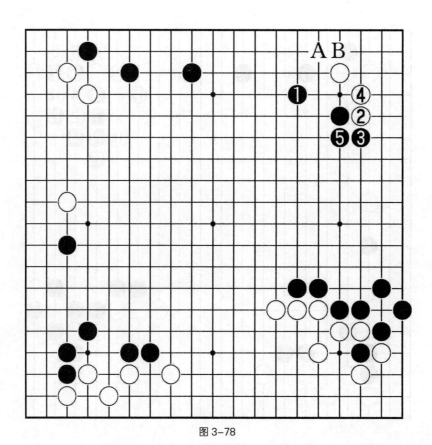

图 3-78

（图3-78）黑选择走3、5位的定式要优于前图。这样右边的幅度也很好，上边也有黑A、白B的先手便宜，其结构也很充分。

但是，还有更好的棋形。

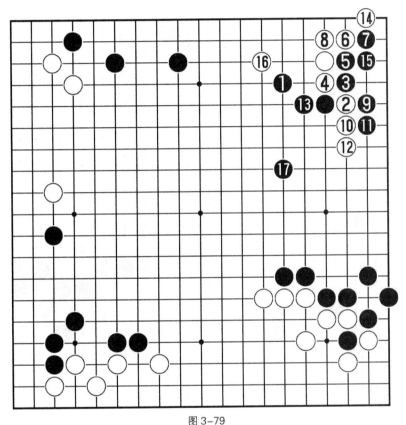

图 3-79

（图3-79）白2托时，黑3可以选择扳下的定式。

以下进行至白16是正常的定式，但此时黑17飞罩相当严厉。白三子立刻被围在黑方的铁壁之中。这个结果是白崩溃的棋形。

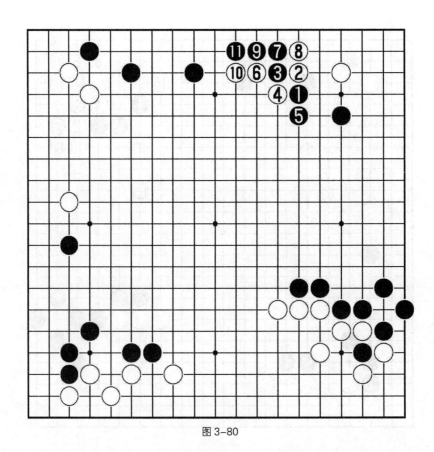

图 3-80

（图3-80）白在2位托是白征子有利时的下法，此图不用说是黑征子有利。

至白10长时，此时黑11不用征子而在此爬过更为有力，这样黑已是大优势。

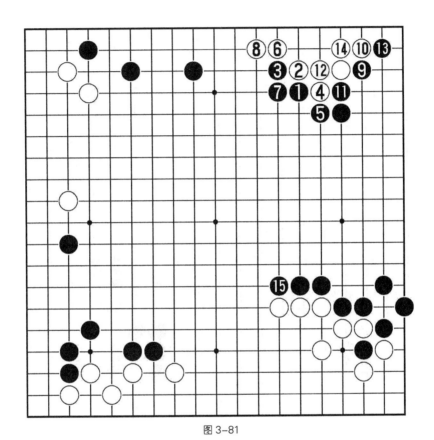

图 3-81

（图3-81）白4、6连扳是委屈求活的下法，以下至白14大致如此。从局部上来说是损的，从全局来说也是损的，黑上边拆二的位置恰到好处。黑15压后，显示了更大的气魄。因此，黑选择这个定式是成功的。

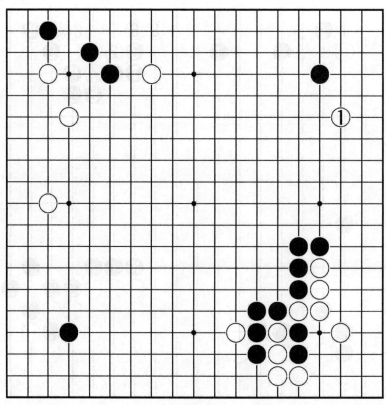

图 3-82

（图3-82）白挂角后，根据全局配置，如何选择定式呢？

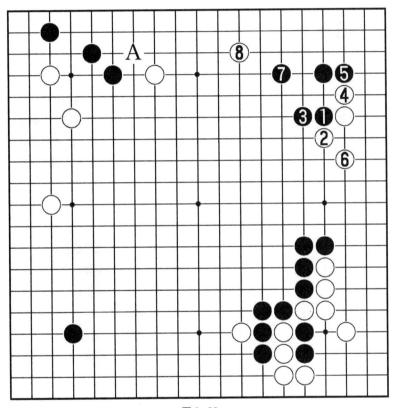

图 3-83

（图3-83）黑1、3压长，看似将白方作为攻击目标，实质使白彻底地获得了安定，而且还被白争到了8位拆的好点。

以后，白有A位的先手便宜，上边白棋可以构成好形。

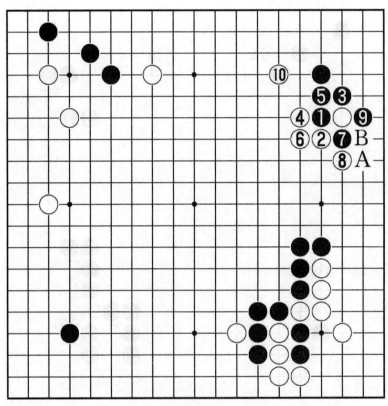

图 3-84

（图3-84）黑1位压了之后再3位虎也是不合适的。

白6粘上边好棋，黑9提后，白10飞可顽强地扩张阵形。之后，黑方也没有在A位扳的心情，而以后如被白方在B位打，这个劫对黑来说，也是很讨厌的。总之，黑下方的厚势得不到发挥，肯定是失败的。

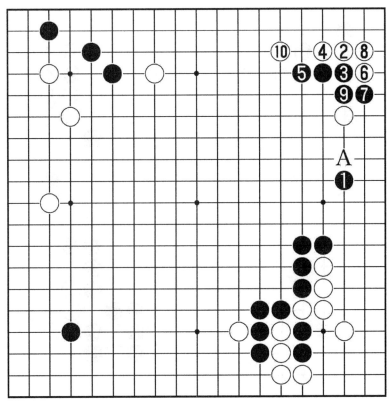

图 3-85

（图3-85）黑走1或是A位夹怎么样呢?

白2点三三是必然的。黑3挡下之后至白10止，黑方的势力范围过于狭窄，也不能满意。

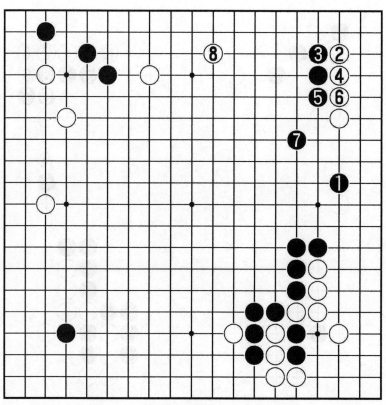

图 3-86

（图3-86）白2点角时，黑3挡这边是更不可能的下法。

以下至黑7时，白8坚实地开拆，黑外势毫无作用。这是夹的结局里最坏的一种。

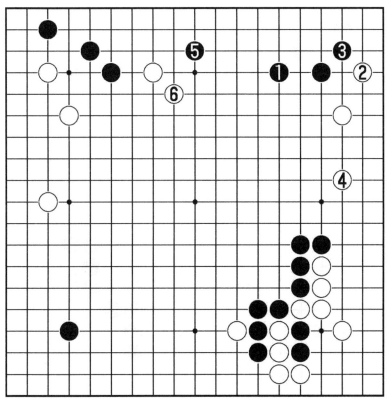

图 3-87

（图3-87）黑1单关比夹要好，但仍不是最好的下法。

白2、4先安定颇为舒服，使下边黑方的势力起不到很大的作用。而黑方对左边的白子也没有适当的攻击之点。黑如5位夹，白6尖，黑无后续手段。依然是黑方不满。

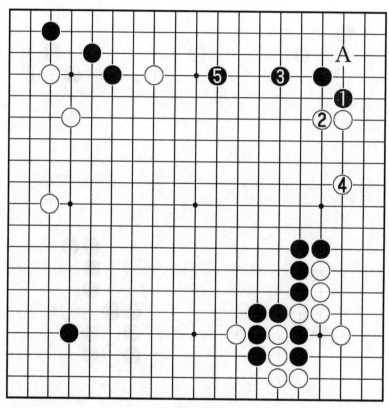

图3-88

（图3-88）黑于1位尖顶、再在3位跳的变化的定式，在这个局面中是最好的选择。

白4拆二后，并没有获得彻底的安定，所以暂时不必担心白方在A位点三三，而且明显过于靠近黑的厚势。至黑5拆后，黑充分可下。

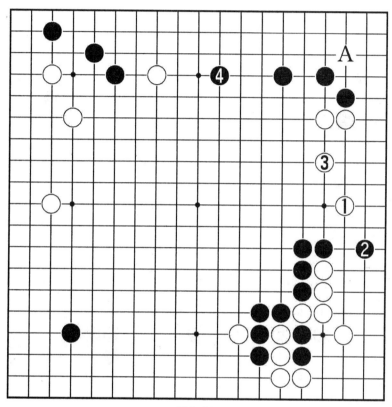

图 3-89

（图3-89）前图白4如在本图1位拆就过分了。黑2跳下之后，白3仍
然要补回，下边的白地减少了许多。

黑仍占到4位拆逼的绝好点，而白方在A位的点角依然只能在梦中期
待。黑充分可下。

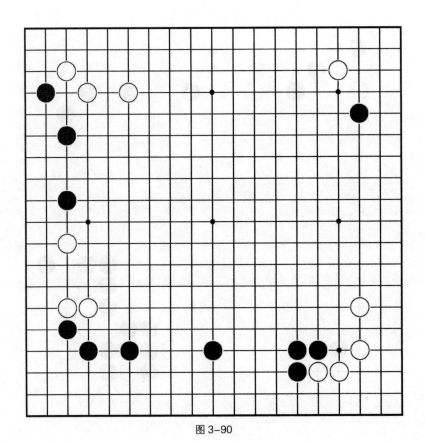

图 3-90

（图3-90）现在的焦点，是黑棋在右上角如何选择定式。

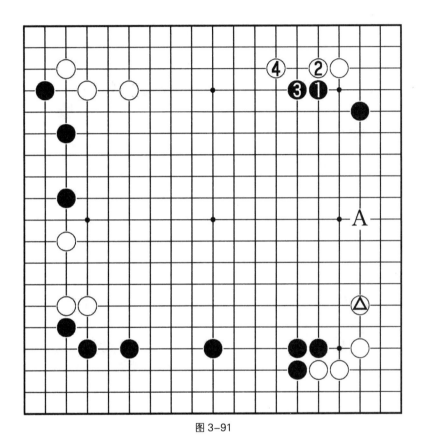

图 3-91

（图3-91）黑1飞压，这种下法是业余爱好者非常喜欢的。

以下至白4，黑虽可在A位拆，但由于白△一子头很硬，黑不能满意。

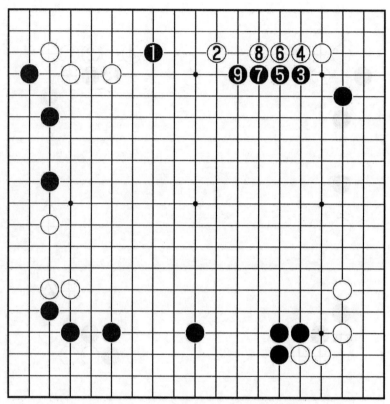

图 3-92

（图3-92）从职业棋手的角度来说，首先考虑的是黑1紧逼。如果白2反夹，黑3正好进行飞压。但是，这只是一厢情愿的想法，白不可能这样下。

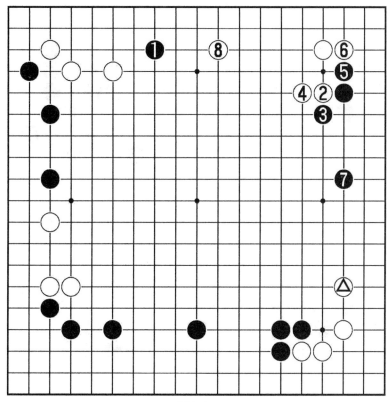

图 3-93

（图3-93）对黑1，白2、4靠长是此时的随机应变好手。

黑7拆的方向依然不好，白△子仍发挥作用。之后白8的拆兼攻黑，这一子，可一举两得。虽说右上角黑稍有利，但从全局来看，白棋明显掌握全局的主动权。

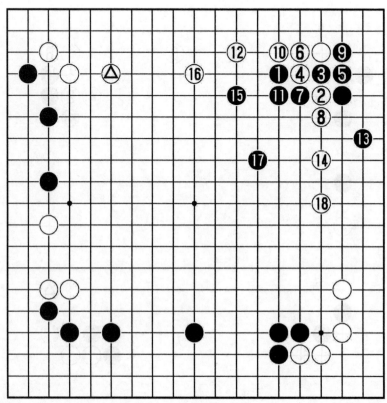

图 3-94

（图3-94）黑选择大斜定式如何？

大斜定式被称为千变万化的难解定式，这里有许多乱战的变化。

白2压后，以下至白18是最基本的大斜定式。此局面对白来说，由于左上角有白△子，当然是期待进入作战局面的。

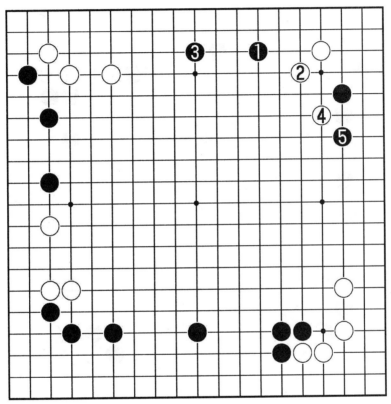

图 3-95

（图3-95）黑1二间反夹相当有趣。白2小尖时，黑3拆二，很自然洒脱地占据了棋的要点。

白4飞，黑5跳出，很容易腾挪。反正此处不是成空的地方。

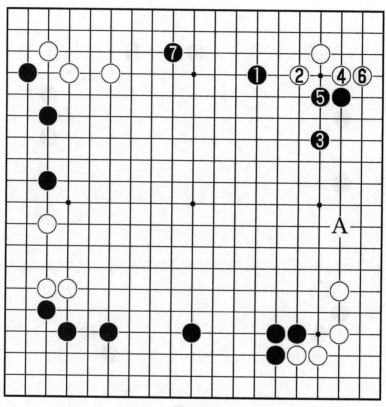

图 3-96

（图3-96）黑1高夹也是一变。白6时，黑7普通的下法是在A位拆，但此时黑7明显地好于A位拆。

第四章

实战中定式巧用试题

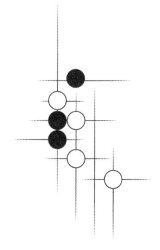

本章介绍在实战中常见的定式巧用试题。请读者在看解答之前，将想要下的着法先考虑一番，然后选择自认为最好的定式方案，并考虑其之所以最好的理由。只有这样你才能从中有所收获。

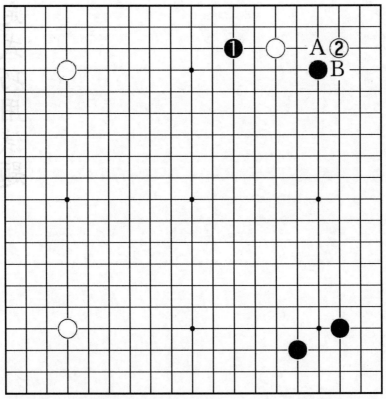

图4-1

（图4-1）黑1间低夹，白2点三三，这是实战中最常见的。

现在，黑在A位挡还是在B位挡？挡的方向至关重要，这是定式选择的最基本常识。

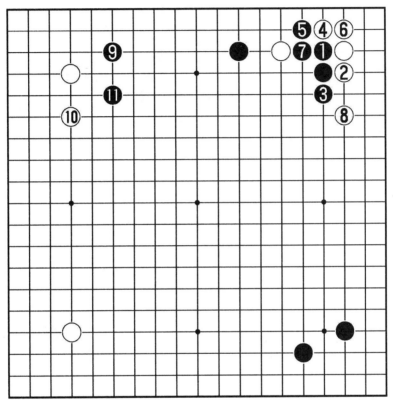

图 4-2

（图4-2）若想尽快提高棋艺，就必须培养行棋的方向感。即使由于局部处理不当而失利也要坚持下去，技巧是靠日积月累才能逐步掌握的。

有了方向感，黑1挡顺理成章。白2至白8是基本定式。之后，黑9至黑11继续在上边扩展，这是双方可下的局面。

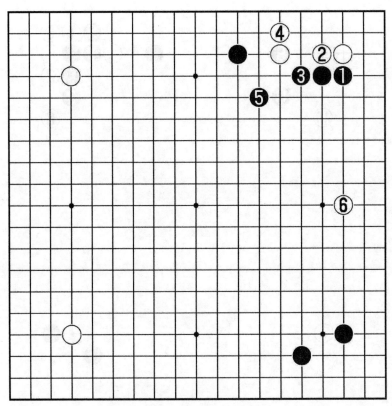

图 4-3

（图4-3）黑1挡，方向明显错误。以下进行至黑5时，白6轻松地分投，黑外势得不到发挥，黑失败。

由此可见，黑1挡这边，右边必须有子相配合。

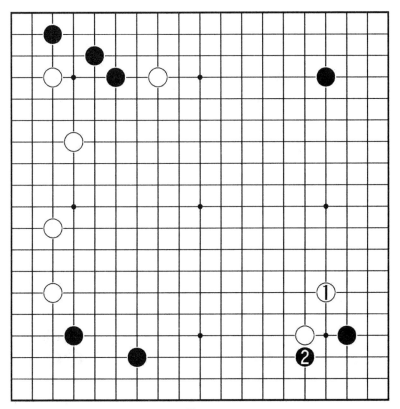

图 4-4

（图4-4）白1飞罩，黑2托。子数不多，白棋如何选择定式?
白棋必须要考虑左下角黑棋之布置及右上角星位之黑子。

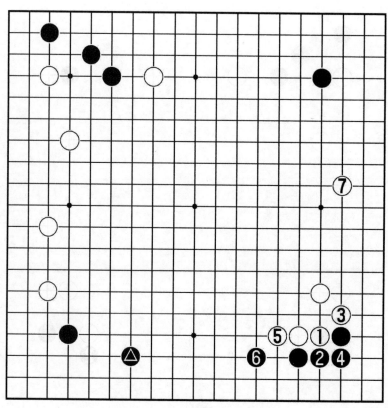

图 4-5

（图4-5）左下角因有黑△一子，白棋没有重视下边的理由，所以右边是关键。

这样一想，自然就会走白1顶，黑2挡时，白也平易地在3位虎，黑4时，白5长、再在7位开拆，白在右边形成理想形。但也不能说白棋这样下已占优势，围棋没有这样简单。

黑6跳出，与左边黑△一子明显有重复之感，这也是黑不满的理由。

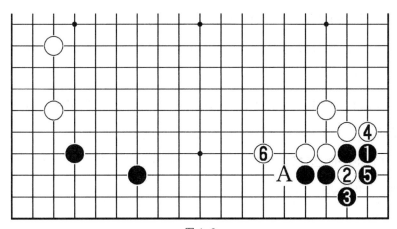

图 4-6

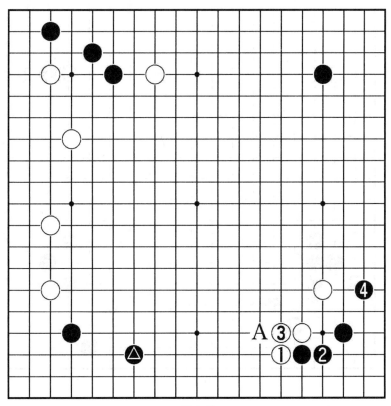

图 4-7

（图4-6）黑1立下，则白2断一手是手筋。

黑3打，则白4先手挡后、再于6位跳，白充分。黑3如在5位打，则白3立后、再于A位是先手。

（图4-7）白1扳，犯了方向错误。以下至黑4是基本定式，但由于黑▲子的作用，白在下边发展不大。白3在A位虎大致相同。

白1也不能选择2位扳出的定式，这是有名的大型定式，但左下边有黑▲一子的作用，白棋一定吃亏。

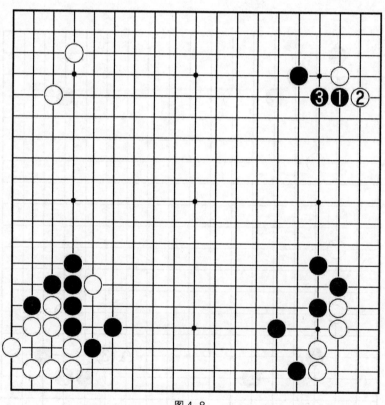

图 4-8

（图4-8）右上、右下及左下三个角都是高目定式，而且形成了黑棋外势、白棋实利的局面。

现在，黑1外靠，白2扳，黑3退之后，白棋是普通的定式进行，还是求变？

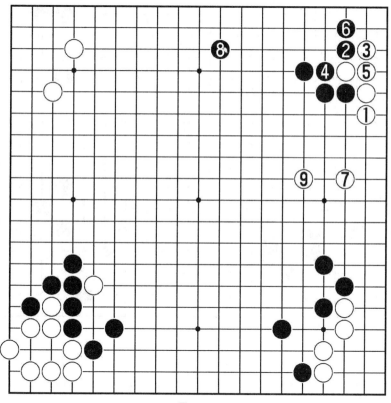

图 4-9

（图4-9）此时，白1长是正解，黑2以下至白7是特殊定式，普通是白棋位置太低而不利。但此际黑8拆时，白9跳，右边黑棋大模样被解消，且白棋可以保持全局之均衡，四个角的实利也很有价值，白十分可下。

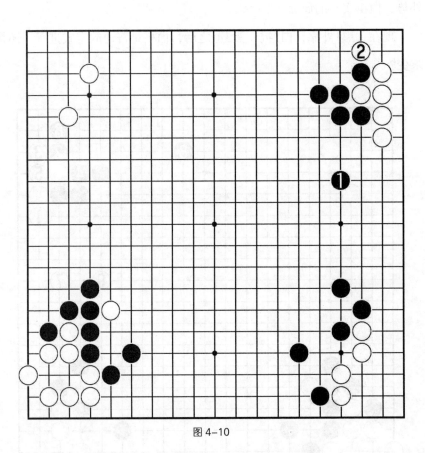

图 4-10

（图4-10）前图黑6如于本图1位大跳，比前图要理想。但白2扳打后，白棋也可以满意。

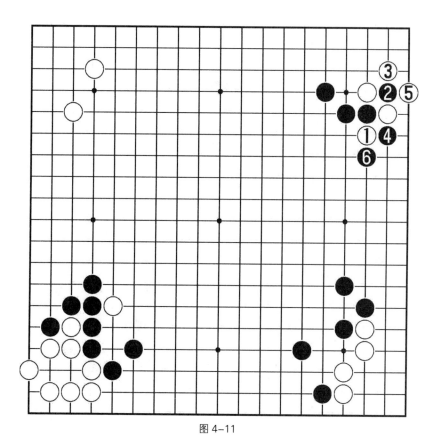

图 4-11

（图4-11）正常的定式是白1位扳，黑可2位断，以下至黑6征吃白一子。黑棋在三个角构成厚势，白棋虽获得四个角，但远不及黑棋的外势。

黑6征吃后，白棋在左下角并没有适当的引征手段，所以白棋失败。

白棋在三个角都照正常定式进行，但形势却不利，这就是白棋采用定式而处于不利的最佳例子。

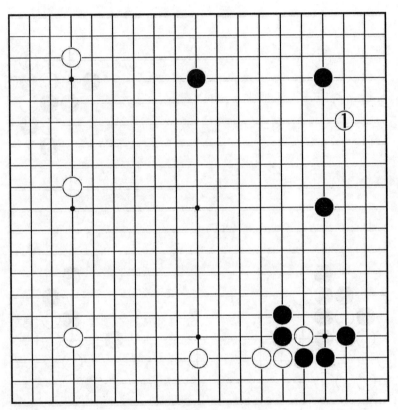

图 4-12

（图4-12）如果白从1位方向挂，黑如何应对呢？

请注意，黑棋应利用子力多的优势，运用攻击的定式。

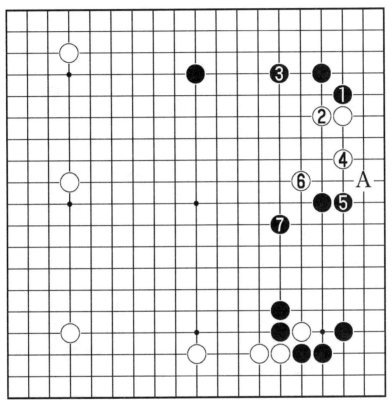

图 4-13

（图4-13）在右边星位一带自己有子的场合，当对方挂角时，尖顶可以说是必然的一手。因为尖顶这一手，可以使来犯之敌把棋走重，这样进退就不自由了。

因此，黑1尖顶，再黑3单关，是正确的应对。白4拆大致如此。黑为了继续进攻，首先不能让对方生根。黑5扎钉是很有力的一手，也有在A位飞的。白6飞，黑7也飞是要领，调整进攻的步调。

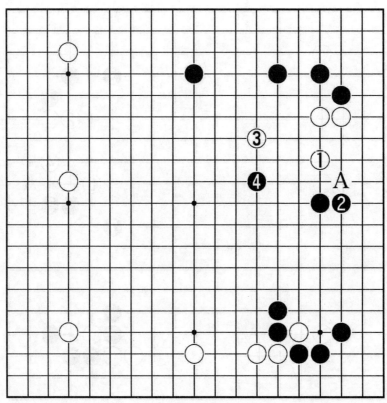

图 4-14

（图4-14）白1高拆一，也是实战中常见的下法。

使白三子腾挪困难，进退维谷，是攻击的要点。因此，黑2位玉柱或在A位尖是正确的应对。白3是逃的好手，黑4大飞追击。这手棋既扩大了黑在右下的模样，又是进攻白四子的有效手段，黑棋充分。

黑2如在3位飞攻不好，那样白可于2位托就地做活，黑失败。

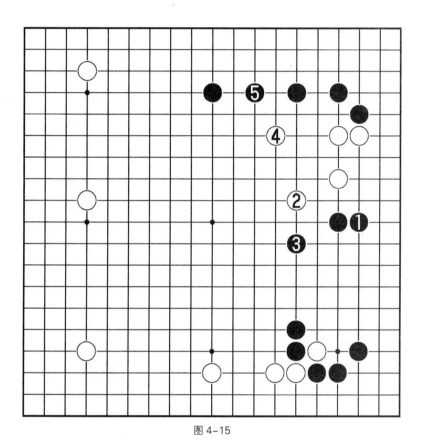

图 4-15

（图4-15）对黑1玉柱，白如2位飞，黑如何应对呢?

白四子并非轻易可以吃掉，看清这一点很重要。于是，黑3小飞，扩展右下的模样，白4大致要守一着，黑5顺势加强上边，再伺机攻击，黑充分可下。

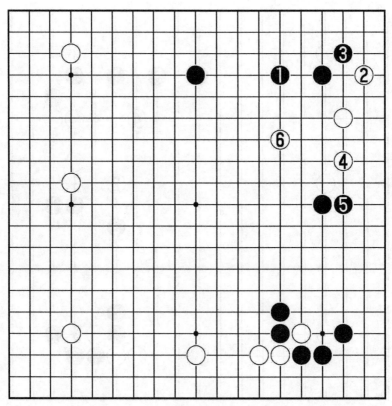

图 4-16

（图4-16）黑1跳，过于软弱。被白2先飞角后，再于4位拆一，黑已无法攻击这块白棋。黑5时，白6飞出轻灵，黑失败。

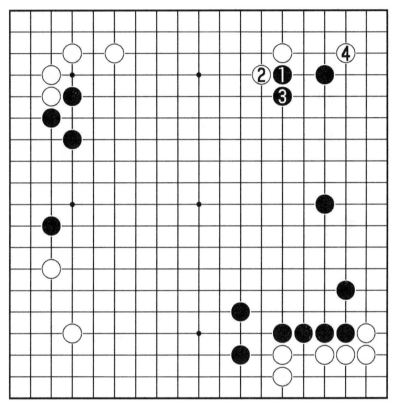

图 4-17

（图4-17）白挂右上角时，黑1、3压长很常见。白4点三三，黑棋怎样应才对？请你考虑整个变化过程。

如果知道右边或是上边哪个更重要，则黑棋的下一手就非常简单了。

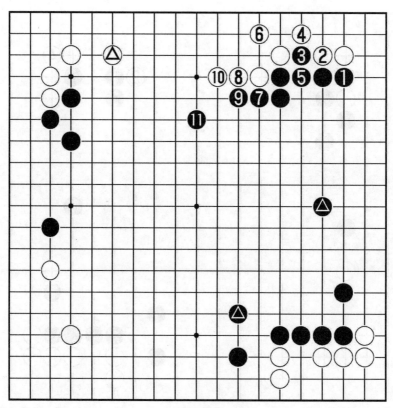

图 4-18

（图4-18）对黑来说，右边重要是肯定的。因此，黑1挡这边就成了必然的一手。白2以下至白8止是让子棋的定式，黑棋虽损失一点实利，但模样棋损失一点实利并无妨，黑9、11继续扩大模样，黑在右边构成大模样，两个黑▲之子发挥了很大作用。而上边白棋实空并不大，白▲一子效率也不高。黑明显处于有利地位。

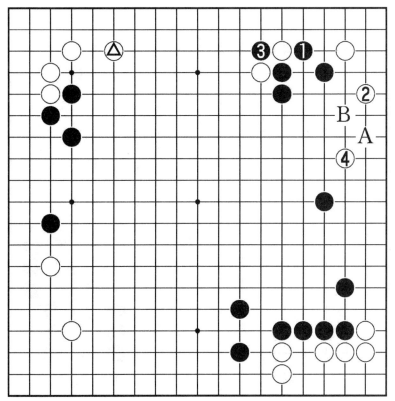

图 4-19

（图4-19）黑1虎，方向有误。白2飞是好棋，黑棋只好3位断打，白4拆后，右边黑棋的模样消失。黑3断打虽很厚，但左上白△子正好削弱了右上边黑棋之厚势，在上边没什么大的发展，黑失败。

黑3虽可在A位逼，但白棋平凡地在B位尖出即可。

由此可见，不必考虑是分先定式还是让子棋定式，选择适合当时布置的定式最为重要。

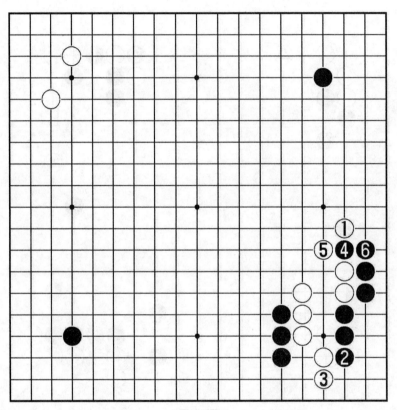

图 4-20

（图4-20）右下角是目外反夹的基本定式。图白1跳时，黑2挡次序错误，应先在4、6位挖粘后再在2位挡是正确的次序。

那么，针对黑棋的次序错误，白现在如何应对呢？

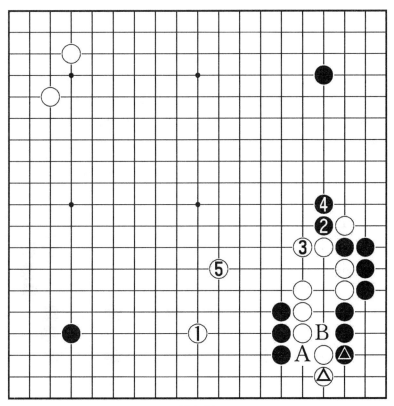

图 4-21

（图4-21）白1反夹，是针对黑棋次序有误的有力下法。

黑2断，也只能如此，但白3、5之后，下边黑三子顿时陷入困境，黑⚫与白⚪之交换使黑棋的处理工作更加困难，由此可看出不好的原因。

当初，如果黑没有先交换的话，黑有A位挤、白B、黑⚫扳的腾挪手段，白就不能照本图这样下了。

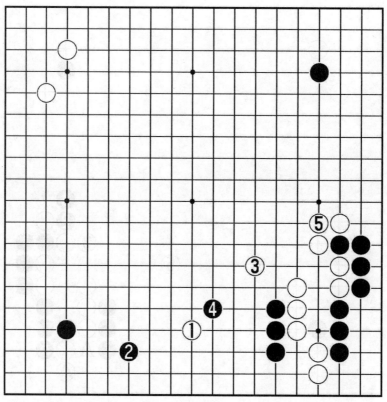

图 4-22

（图4-22）白1反夹时，黑2飞应，等于白棋是有利的先手利，可以满意。

白3取得先手利后，再于5位粘，黑棋的次序错误也就充分暴露出来了。

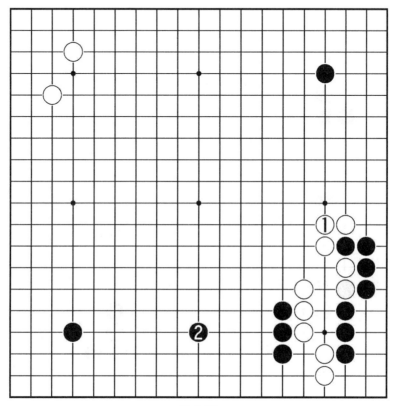

图 4-23

（图4-23）白1粘，不好，这样等于白棋没有好好利用黑棋所犯的次序错误。

黑2拆后，还原成基本定式，与前图相比，黑棋可以满意。

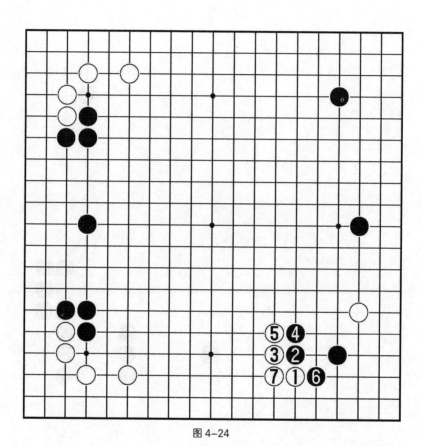

图 4-24

（图4-24）白1双飞燕，在实战中也很常见。

黑运用"压强不压弱"之棋理，于2、4位压长正确，白5贴，以下至白7粘，是大家所熟悉的变化。但黑棋的下一手，不知道怎样下的人可能为数不少。

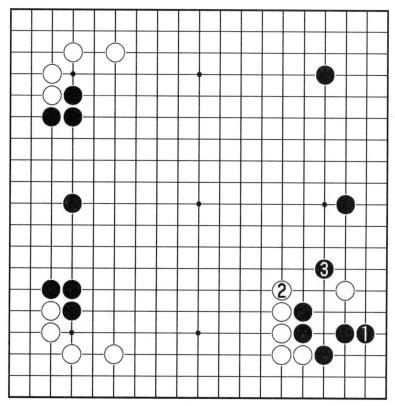

图 4-25

（图4-25）黑1立角是最强手，也是此际的最佳应手。白2长出，则黑3封住右边白一子，形成充分之形，黑棋所获取之实利远较白棋所构成的厚势为优。

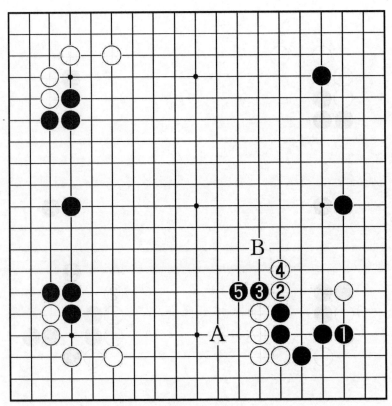

图 4-26

（图4-26）白2如扳二子头，黑3断，大可与白一战。

白4长、黑5也长，之后黑A飞与B位跳必得其一，是黑充分可战的局面。

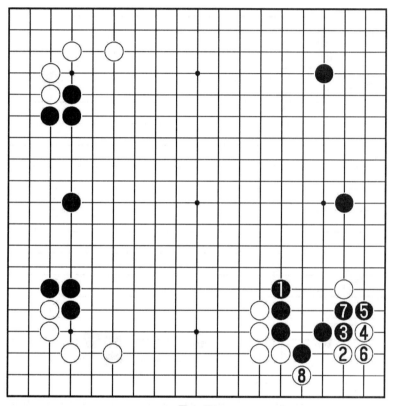

图 4-27

（图4-27）黑1长，是软弱的下法，被白2点角太难受，以下至白8止是让子棋的定式。

由于黑棋不但实空受损，而且黑的棋形也很难看，黑棋不利。

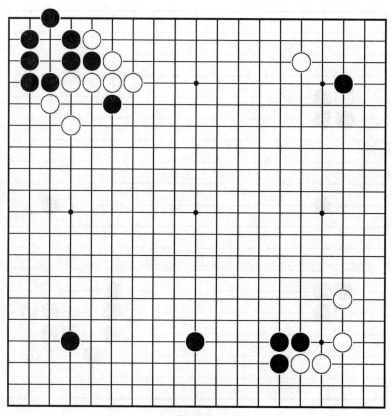

图 4-28

（图4-28）针对右上白的挂角，黑如何选择定式呢？

请注意左上白的厚势及右下白的硬头，要容忍对方成一些空。

270

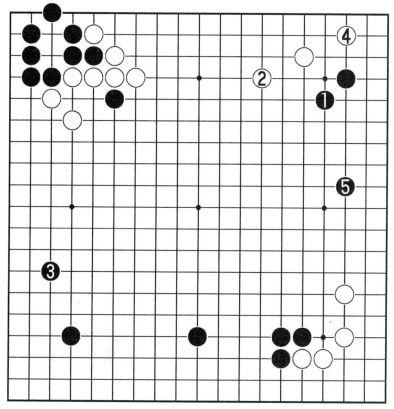

图 4-29

（图4-29）黑1首先坚实地自补，待白2小飞时，再脱先转占3位大场，这才是富有创意的下法。

白4飞角很大，黑5拆边出于无奈，这个结果应该说双方大致两分。

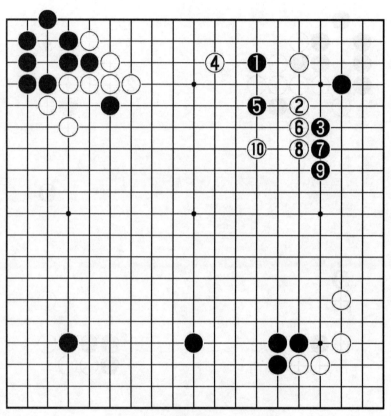

图 4-30

（图4-30）黑1夹，是业余棋手常下的着法，见对方要成空就着急。

但这种下法会使自己受苦，这或许可以说是不讲棋理的一种表现。

以下至白10，黑1和黑5两子陷入绝境。

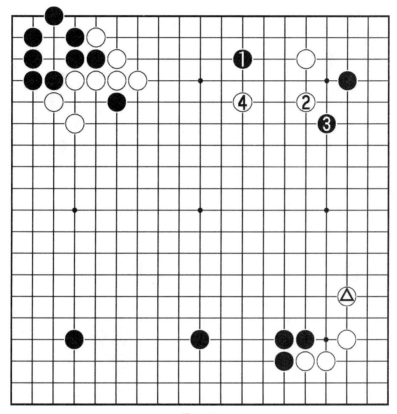

图 4-31

（图4-31）黑1远一路夹也是同样的结果。

白2跳，白4镇后，黑依然很苦。即使黑不被白吃掉，所受的欺负也同被吃掉差不多。黑3之后，期待向右边发展，但正好有白△一子等在那里，黑明显不行。

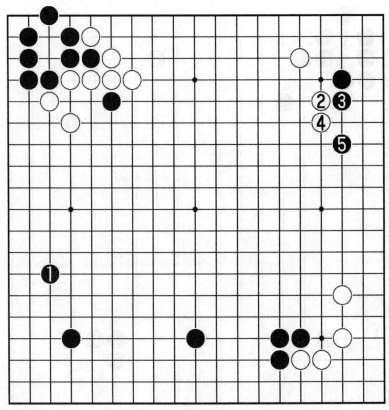

图 4-32

（图4-32）黑也可以脱先，虽看上去有些勉强，但也不失为一种有力的下法。

黑1转向左边大场，使白很意外地感到为难。白2至白4是普通的着想，但上边却无合适的后续手段，因为上边过于广阔了。

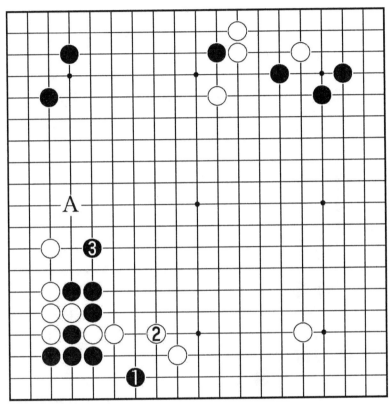

图 4-33

（图4-33）这是白棋三间低夹形成的大斜定式。

黑1、白2、黑3时，白A位飞是正常下法。但白应通观一下全局的配置，再决定下一手如何选择。

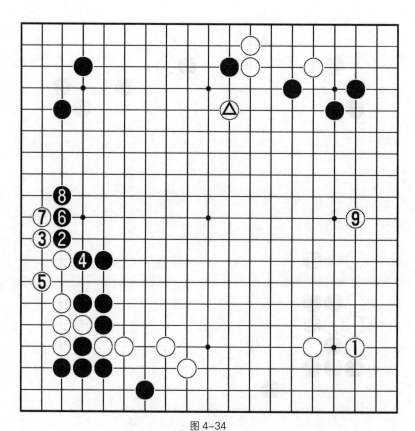

图 4-34

（图4-34）以大局观点来看，白1守角是此际最佳的选择。

黑如2位靠，以下至黑8，白可先手占到9位拆的大场，白步调很快，布局成功。

左边黑棋势力虽然不小，但由于白△一子的利益恰到好处，黑在左边并无太大的发展潜力。

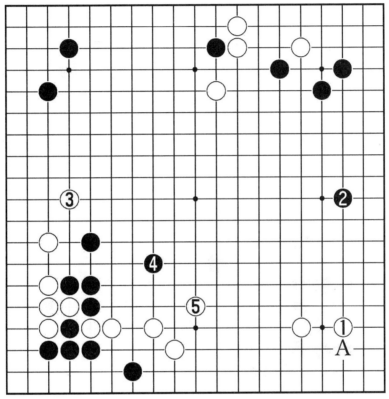

图 4-35

（图4-35）白1守角时，黑2占大场，则白3飞也不迟。白1与黑2的交换白稍有利。黑4飞，白5补一手大致如此。

白1如单3位飞起，虽不能说是恶手，但黑4、白5时，黑可A位挂角，这样白棋不能满意。

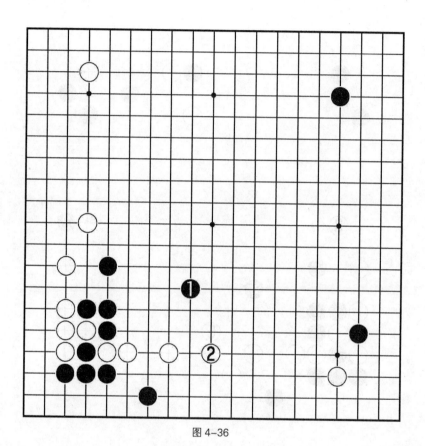

图 4-36

（图4-36）左下角大斜定式之后，黑1、白2是正常进行。

　　这两手是定式的延续，但由于右下角白棋的位置不佳，黑棋马上可以处于优势地位。黑应该怎样下呢?

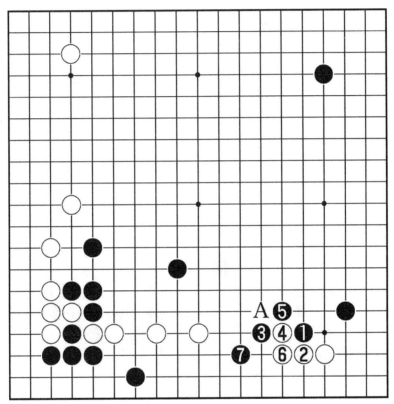

图 4-37

（图4-37）黑1飞压，是此际严厉的一手，目的是对白1施加压力的同时，还瞄着左边白四子。

白2爬时，黑3跳好手，白棋只好在4、6位挖粘，黑7阻白渡过是决定性的一着，白棋顿时陷入困境。

黑7如平凡地按定式在A位粘，则白7位渡过，黑棋显然失去获得优势的大好机会。

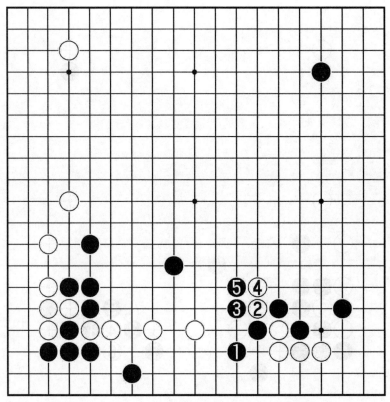

图 4-38

（图4-38）接前图。对黑1尖，白2断，则黑3、5顺势打出，左边白
四子自然被吃掉，白失败。

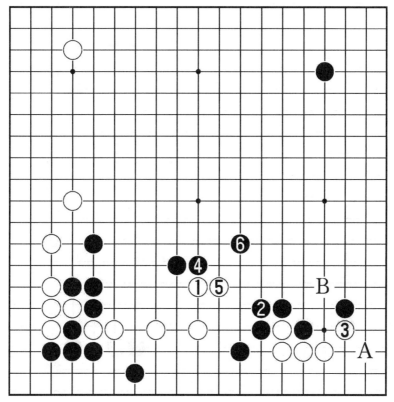

图 4-39

（图4-39）白1跳，企图逃出，但黑2粘后，逼白3补一手，如不走，被黑A位飞，白也吃不消。但遭黑4、6猛烈攻击，白棋苦战。此时白大块棋虽不至于死掉，但白棋在求活时，必将周围黑棋自然强化，黑处于优势地位。

黑2也可直接在4位压，这样直接攻击也很有力。另外，黑4如在B位补一手，被白4压出，黑不好。

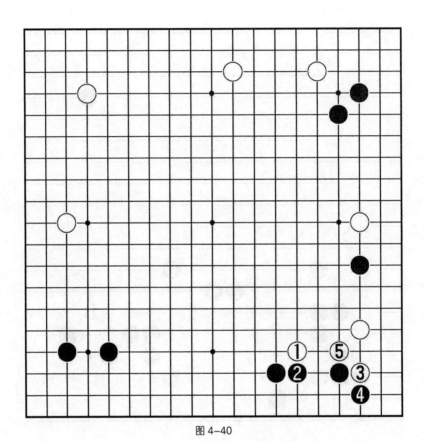

图 4-40

（图4-40）白1先点，然后再在3、5位托虎是处理的常用手法。

黑棋老实地应一手好呢？还是强行反击好呢？首先，黑应识破白棋的用意，才不会上当。不按对方之意去行棋是很重要的，这也正是围棋的乐趣所在。

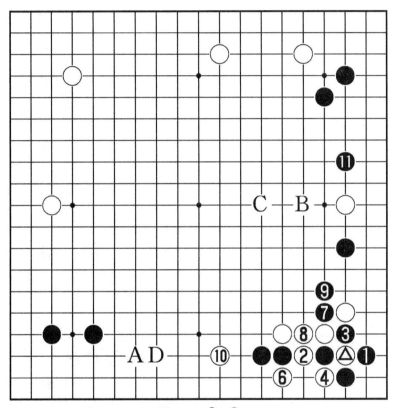

图4-41 **❺** = △

（图4-41）黑棋不能老实地应，而一定要黑1打进行反击，白2以下双方势成必然。黑9长，白10逼，告一段落。

黑棋争到先手权，以黑11夹，这是拆兼夹攻的绝好点。之后，白如A位逼，则黑B位镇很大。白如B位跳，则黑C镇，仍很严厉，即使在D位拆，也是充分之形。

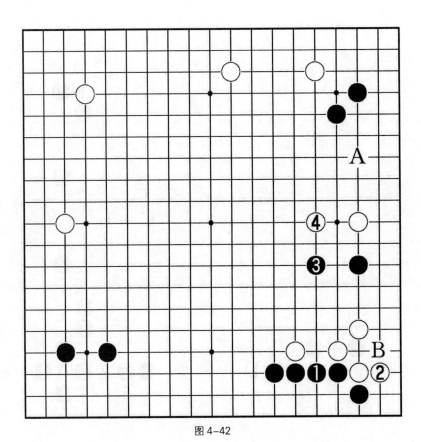

图 4-42

（图4-42）黑1粘，虽不能说是坏棋，但被白棋取得先手利，黑略显无力。

白2立下，右下白棋已获安定，黑3白4互跳，势必成持久战。

白2于A位拆也很有力，黑2打，则白B做劫，白形富有弹性。

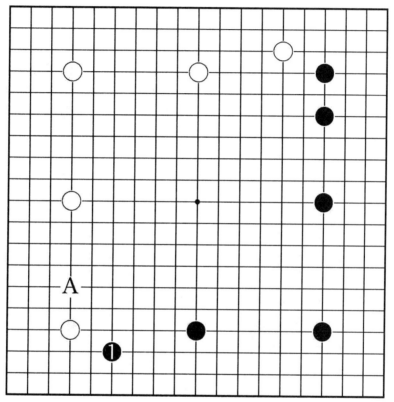

图 4-43

（图4-43）黑1挂，白如A位应，则成同形。

白棋要不要模仿下去呢？不模仿应该怎样下好呢？

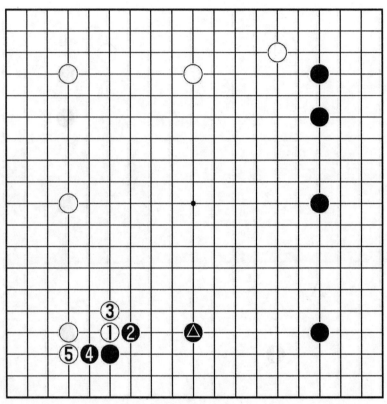

图 4-44

（图4-44）因左边是三连星，所以，白于1、3位压长是有力的下法，以下至白5挡是星定式。左边白棋模样可观，而右边黑⚫一子位置欠佳，白充分可下。

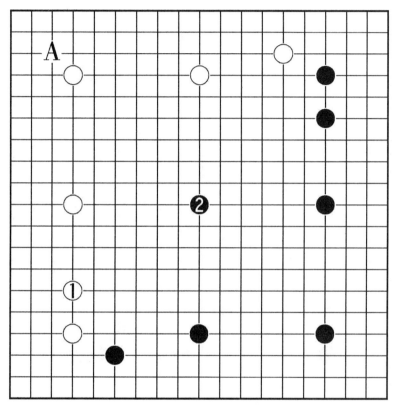

图 4-45

　　（图4-45）白如1位应，则形成同形。但黑棋利用先着有利的优势，先占取2位天元的必争点，且在左上角还留有A位的点角，黑棋占据全局主动权。

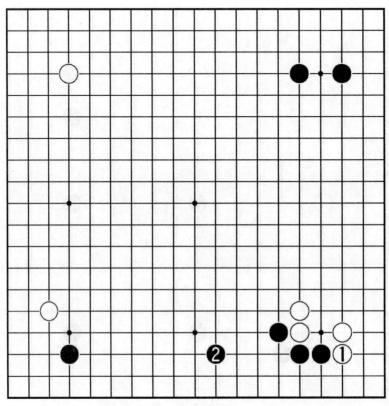

图 4-46

　　（图4-46）白1挡，黑2拆，这是小目的压长定式。白棋的下一手应在哪里？上边与右边有很多大场，但白棋有当务之急的必然一手。

　　下边整个黑棋位置均低，如果你是有段棋手，则一定不会下错，否则你的段位有问题。

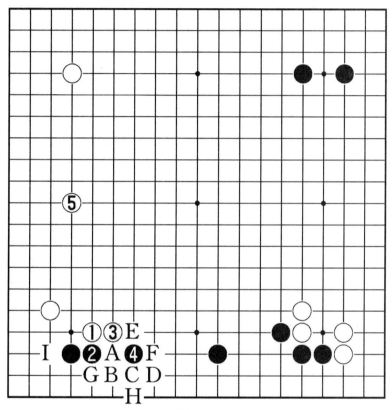

图 4-47

（图4-47）如果你很快就能下在1位飞压，说明你是真正的有段棋手。

黑2至黑4虽是定式，但左右两边均处于低位，使它成为重复形。白5拆大场后，白布局大成功。

以后白E位压是先手权利。另外，白棋还可A位冲，黑B、白C、黑D、白E、黑F、白G、黑H、白I，黑成大凝形。

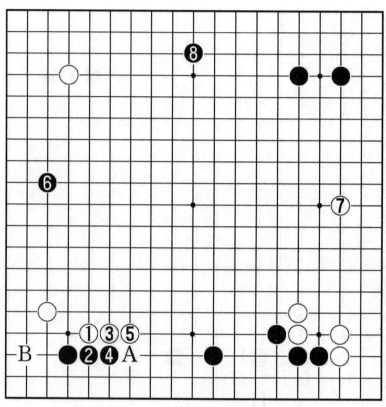

图 4-48

（图4-48）对白1、3飞长，黑4爬一手取得先手，这是常识性的下法。

以下至黑8止，不是说黑棋好，只是比前图明显要好。以后白在A位和B位均是先手，可根据情况进行选择。

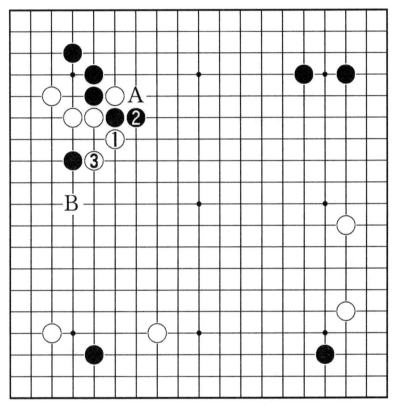

图 4-49

（图4-49）白3虎，是小目二间高夹所形成的定式之一。

黑棋的下一手，普通是A位抱打或B位跳。但现在应考虑左下角的形态，对黑棋的着手方向大有关系。

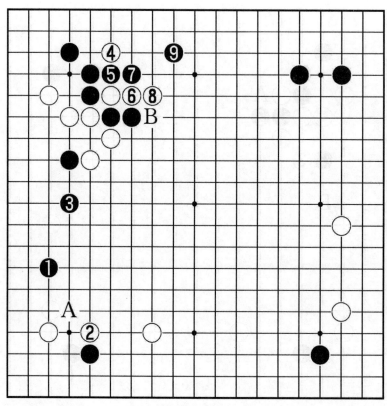

图 4-50

（图4-50）黑1先反夹，是随机应变的好手，以下A位和3位成见合。

白棋当然2位压，黑再3位跳，以下至黑9飞是基本定式。黑棋在左边获得安定，以后可伺机在B位压出。

总之，黑棋的下法没有勉强的地方，行云流水般的进行，下得非常漂亮。

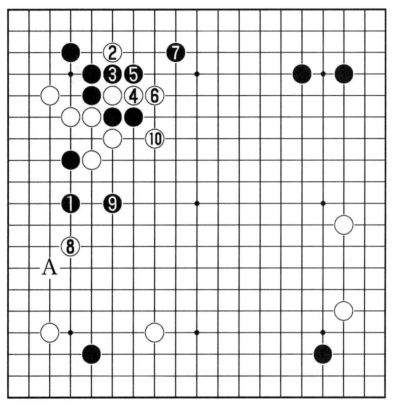

图 4-51

（图4-51）黑如直接1位跳，则白2以下正常进行。黑7飞时，白8先反夹是好手，黑9跳，白10顺势吃住黑两子，黑失败。白8不能先在10位，否则黑A位拆绝好。

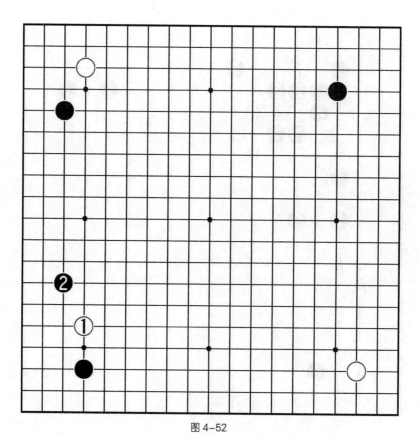

图 4-52

（图4-52）盘上只是寥寥几颗子。白1一间高挂时，黑2反夹。

你会选择哪种定式？本题也有个人的爱好。

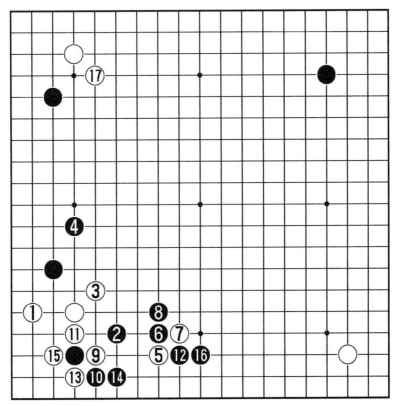

图 4-53

（图4-53）白1跳，是此际的好构思。黑2飞，白3尖，以下进行至黑
16是基本定式。

白先手走到17位尖很大，这个结果双方均可下。

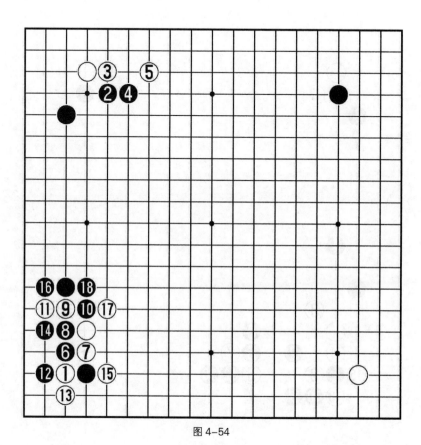

图 4-54

　　（图4-54）白1位托角不好，黑先在2、4位进行飞压，然后再在6位扳出有力。白7以下至黑14时，白15因征子不利而不能拐出，至黑18止，黑棋在左边形成可观的理想形，白棋不利。

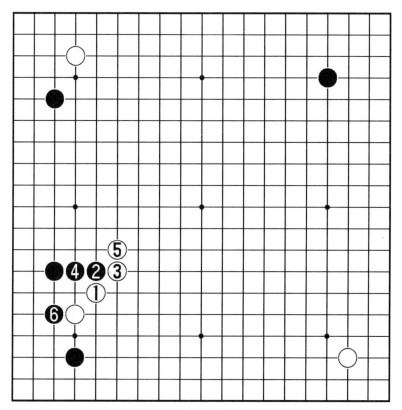

图 4-55

（图4-55）白1尖也是有力的下法。

黑2以下至黑6止，在最近的实战中很常见，双方可下。

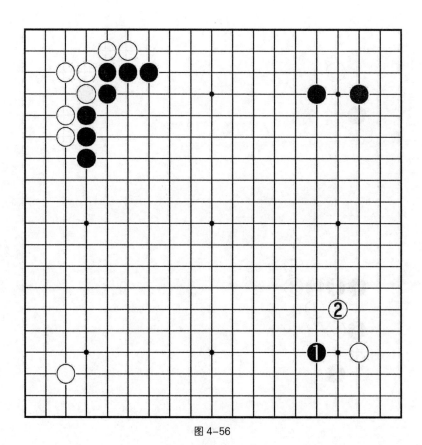

图 4-56

（图4-56）黑1一间高挂时，白2飞应，目的是对黑棋上边的厚势起到一定的作用。

现在，黑棋不能选择普通的定式，必须要考虑上边黑厚势的威力。

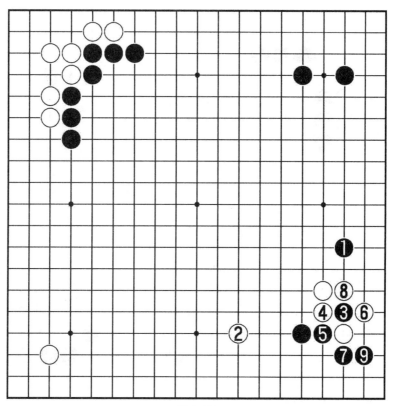

图 4-57

（图4-57）黑1反逼，是活用右上角一间缔角的特殊手法，当然左上边黑棋的厚势也有关连作用。

白棋2位夹大致如此，黑3以下跨断是安定手法，黑充分可下。

白6不能在7位长角，否则黑6立下，白不利。

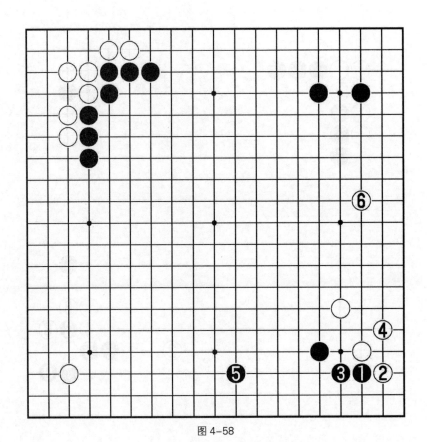

图 4-58

（图4-58）黑1托是正常下法，以下至黑5是普通的定式。但白6占据绝好的大场，正合白意。上边所构成的黑棋厚势失去一定作用，黑不能满意。

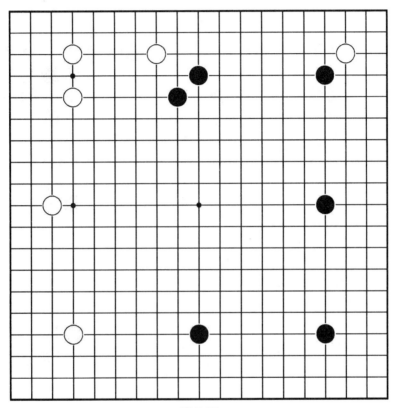

图 4-59

（图4-59）现在，白在右上角点三三，黑方从哪边挡？

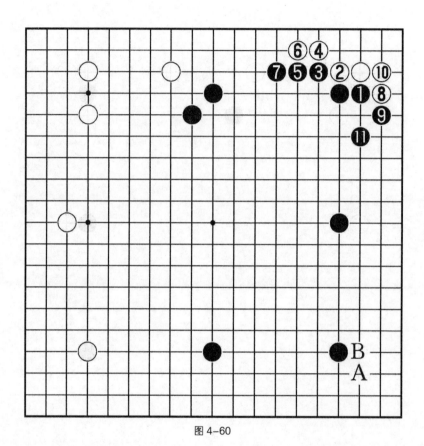

图 4-60

（图4-60）黑方从1位挡是正确的，右边的黑阵是当务之急。

白2以下至黑11是基本定式，如能再补一手，黑方可于A位，而白方若在A位点角，黑在B位挡也很容易行棋。

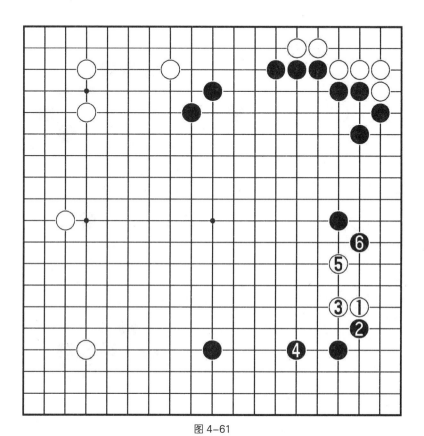

图 4-61

（图4-61）接前图。白如1位挂，黑2尖顶再在4位跳是攻击的常形。

白5时，黑6小尖夺白根据地，不是要吃掉白棋，而是进行攻击，借此可获得更大的利益。

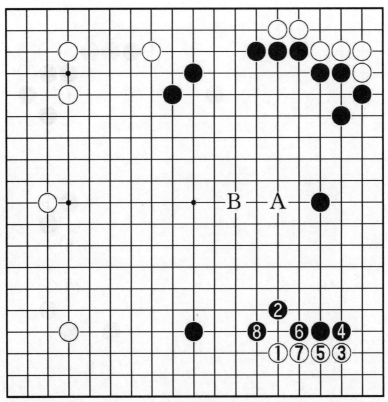

图 4-62

（图4-62）白1挂角，黑2镇有趣，催促白尽快点角，使黑的阵势越来越壮大。

白3点角后，以下至黑8，黑阵势强大。以后白A时，黑B反镇，白必将苦战。

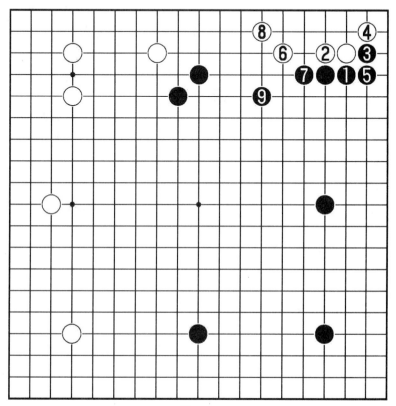

图 4-63

（图4-63）对白点角，黑也有3位扳粘的下法。以下至黑9，黑就构不成（图4-60）那样宏大的形势。

中央的棋形也不完整，角地先受损，黑稍感不满。

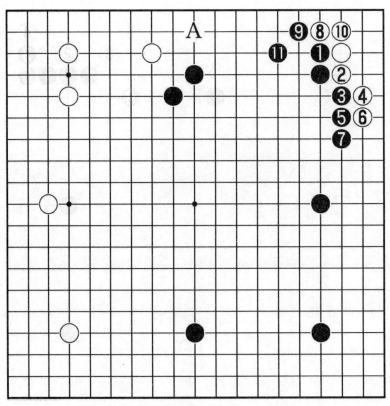

图 4-64

（图4-64）黑1挡左边，显然犯了方向错误。

白2以下至黑11止，黑下边模样顿感狭窄，而且上边围的是漏风之
地，因为白有A位飞。这个结果，黑失败。

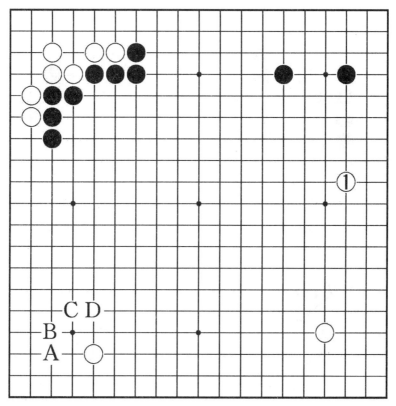

图 4-65

（图4-65）白1占据大场，确实很大。

黑棋的下一手是挂白左下角的目外，但怎样挂好呢？请在A、B、

C、D中选择一种。

黑棋必须要考虑左上的配置后才能决定怎样挂。

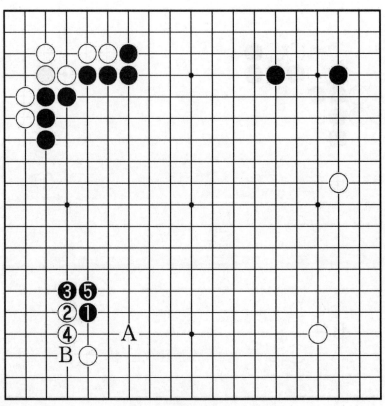

图 4-66

（图4-66）黑1是变相的挂法，当然与左上黑棋的布置有关。

白2、4托退，则黑5粘，与左上配合形成理想形。黑棋比平常高一路，形态也很好看。

白2如A位飞，则黑B托角即可。

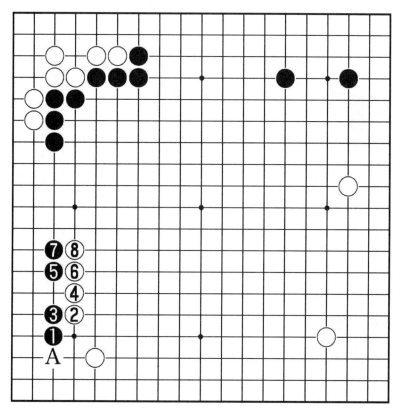

图 4-67

（图4-67）黑1小飞挂角，不好。白2飞压必然，以下至白8压，黑棋屈居低位，不能保持与上边黑势的均衡，黑失败。

黑1如A位挂仍不好，则白还是在2位飞。

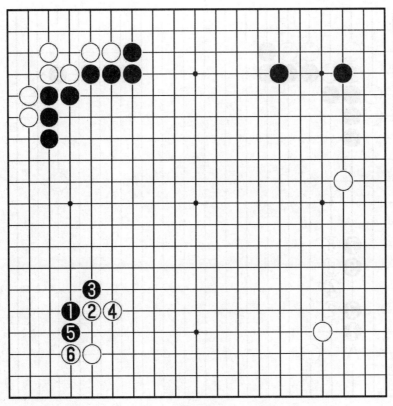

图 4-68

（图4-68）黑如1位高挂，虽比前图要好些。但白2、4压长后，黑5
长，白6挡，这个结果仍不如（图4-66）好。

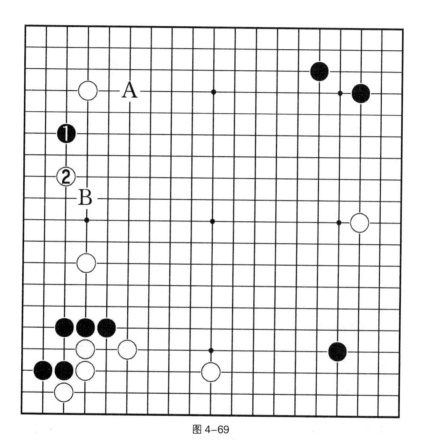

图 4-69

（图4-69）黑1挂时，白2拆夹有力。白2如在A位跳，则黑B折夹是好点，白不好。

请你考虑一下黑棋的下一手怎样下？

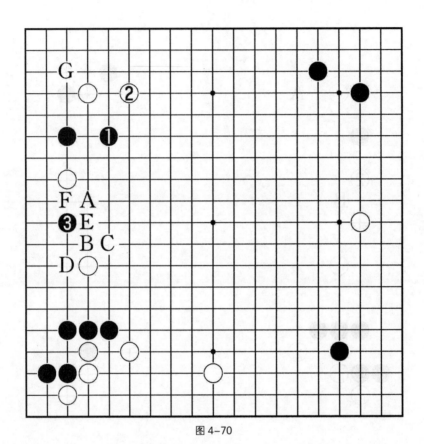

图 4-70

（图4-70）黑1跳是普通的着手，白2应，然后黑3打入是此际有力的着法。黑1、3的默契良好，是有系统的连贯手法。

黑3时，白如A位尖，则黑B、白C、黑D渡过即可。白如E位压，则黑F顶渡过。至于上边黑棋，还有黑G点三三的余地，黑充分可下。

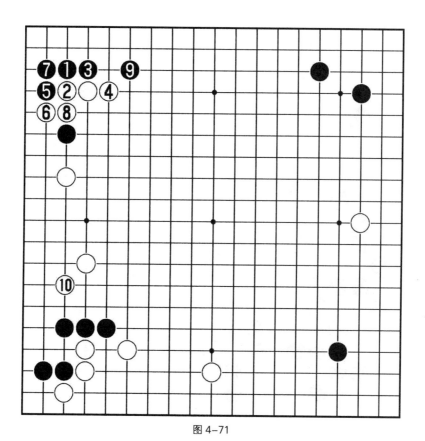

图 4-71

（图4-71）黑1直接点三三，此际不宜，因为白2以下至黑9后，白10
尖是好棋，一边围空、一边攻击左下黑棋，一举两得，白充分可下。

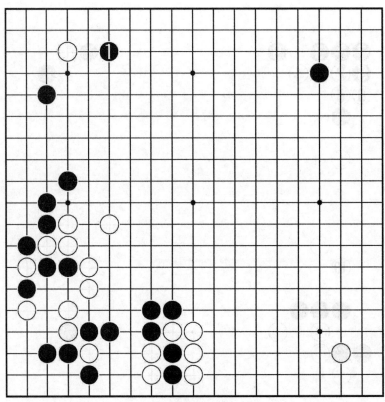

图 4-72

（图4-72）黑1是严酷的夹击。

现在，白棋有很多的定式可以选择，你的第一感是在哪里呢?

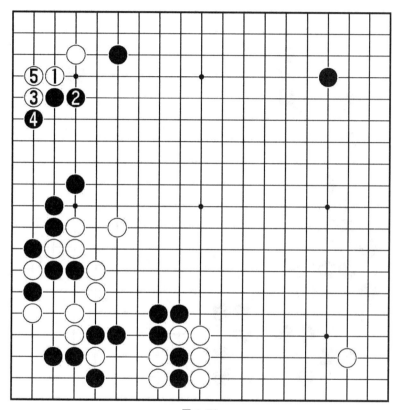

图 4-73

（图4-73）因为左边黑棋坚实，白棋直接动出，绝对没有好处。

　　因此，白1尖角是此际的最佳选择，以下至白5粘，在角上就地做活是聪明的下法。

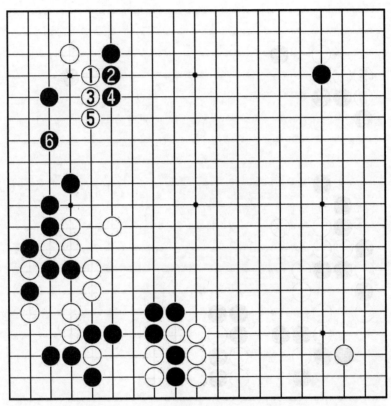

图 4-74

（图4-74）白1尖出，黑2以下至白5时，黑6补成好形，白棋大恶。

白棋虽出头，但还没有根据地，更不好的是左上白棋与右下白棋有被缠绕攻击的危险，白棋全局处于被动是显而易见的。

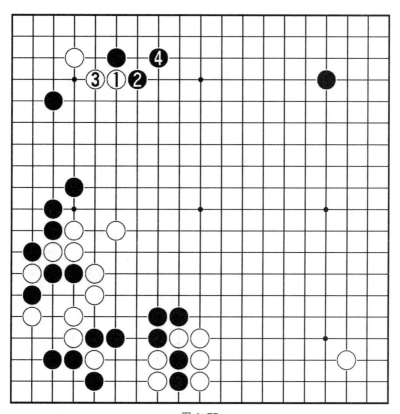

图 4-75

（图4-75）白1、3靠退也不好，黑2、4仍可强化上边阵地，而且白棋尚无根据地。

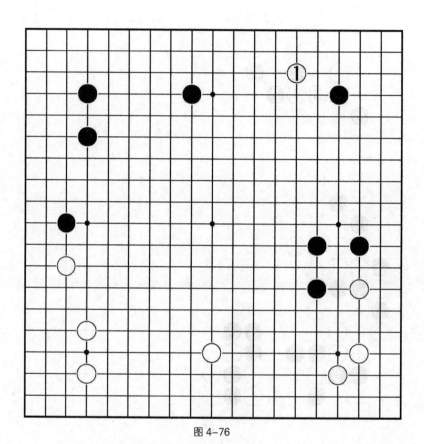

图 4-76

（图4-76）黑棋在上方的模样相当可观。现在，白1挂角后，黑如何
选择定式呢？

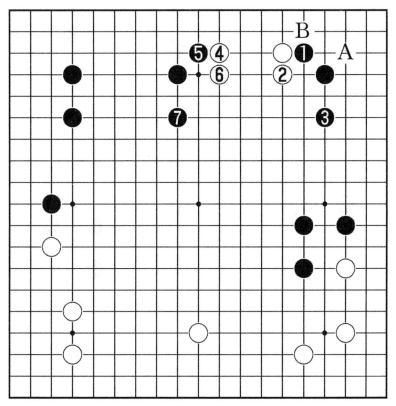

图 4-77

（图4-77）黑1的尖顶可以说是最好的选择。

白4拆二时，黑5依然尖顶，这样含蓄地窥伺着白棋，白方也不敢在A位点角，黑充分可下。

黑1也可在B位飞，其意义大致相同。

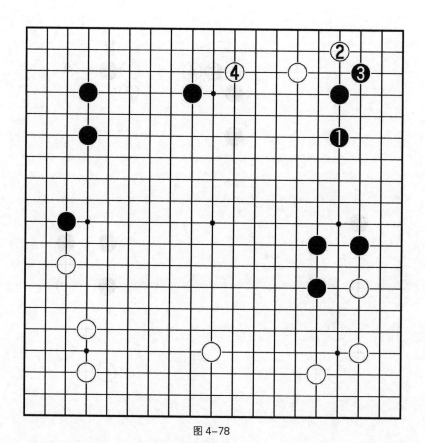

图 4-78

（图4-78）对白来说，很欢迎黑在1位单关应。白2飞角必然，到白4
拆二，正好抵掉黑方最坚固的阵势的威力，黑失败。

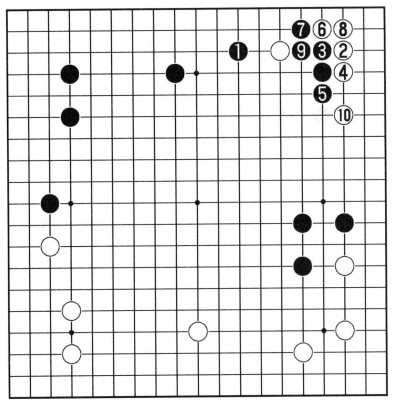

图 4-79

（图4-79）以严厉的角度来说，黑1一间夹如何？

与小目不同，在星定式里可以直接点三三，因而夹击的下法就不是那么严厉了。

白2点三三之后，黑3如挡左边，以下至白10跳出，这是黑方最坏的结果。

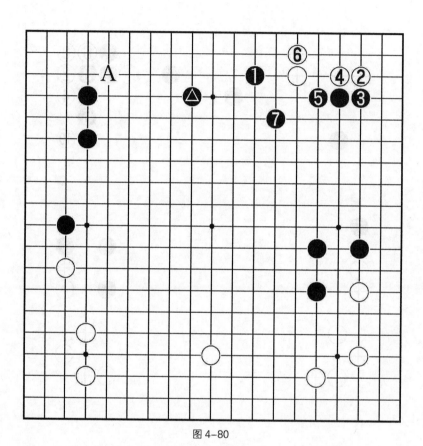

图 4-80

（图4-80）白2点三三时，黑3如挡下边，虽比前图要好一点，但仍不能满意。

以下进行至黑7止，双方大致如此。虽说右边黑子的配置不错，但上边黑▲子的位置却不好。▲子如能在A位尖角是最好的。

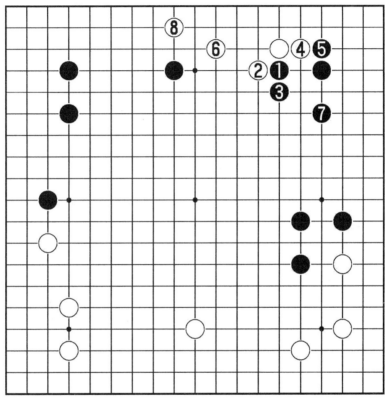

图 4-81

（图4-81）黑选择1、3压长的定式也不好。

以下至白6补后，黑7只好后手再补一手，被白8二路飞出，黑棋显然失败。

这是让子棋定式。在让子棋定式里，帮对手加固没有太大的关系，但在分先棋中就不行了。